# MUJERES DEL EVANGELIO

Y otros personajes transformados
por el encuentro con Jesús

## ROBSON PINHEIRO

Por el Espíritu

## ESTEBAN

Traducción al Español:

**J.Thomas Saldias, MSc.**

Trujillo, Perú, Septiembre, 2022

**Título Original en Portugués:**

"Mulheres do Evangelho e outros personagens transformados pelo encontro com Jesus"

© Robson Pinheiro, 2005

Houston, Texas, USA

E–mail:

contact@worldspiritistinstitute.org

ROBSON PINHEIRO es de Minas Gerais, hijo de Everilda Batista. En 1989, escribió a través de Chico Xavier: "Hijo mío, quiero continuar mi trabajo a través de tus manos." Es autor de más de 40 libros, casi todos de carácter mediúmnico, entre ellos "La Pandilla", "Legión" y "Los Señores de la Oscuridad" también del espíritu Ângelo Inácio.

Robson Pinheiro comenzó a establecer contacto con los espíritus en su infancia, en el interior de Minas. A los 17 años, recibió de ellos la propuesta de ejercer la mediumnidad según los lineamientos de Allan Kardec. En ese momento, soñaba con convertirse en pastor. Años más tarde, en 1992, Robson Pinheiro fundó la institución que lleva el nombre de su madre.

Fundó y dirige la Sociedad Espírita Everilda Batista desde 1992, donde realiza actividades sociales y espirituales, a las que se destina el producto de los derechos de autor de sus libros. En el campo profesional, es terapeuta holístico y trabaja en su consultorio en la ciudad de Belo Horizonte, MG. que integra la Universidad de Espírito de Minas Gerais. En 2008, se convirtió en Ciudadano de Honor de Belo Horizonte.

# Del Traductor

Jesus Thomas Saldias, MSc., nació en Trujillo, Perú.

Desde los años 80's conoció la doctrina espírita gracias a su estadía en Brasil donde tuvo oportunidad de interactuar a través de médiums con el Dr. Napoleón Rodriguez Laureano, quien se convirtió en su mentor y guía espiritual.

Posteriormente se mudó al Estado de Texas, en los Estados Unidos y se graduó en la carrera de Zootecnia en la Universidad de Texas A&M. Obtuvo también su Maestría en Ciencias de Fauna Silvestre siguiendo sus estudios de Doctorado en la misma universidad.

Terminada su carrera académica, estableció la empresa *Global Specialized Consultants LLC* a través de la cual promovió el Uso Sostenible de Recursos Naturales a través de Latino América y luego fue partícipe de la formación del **World Spiritist Institute**, registrada en el Estado de Texas como una ONG sin fines de lucro con la finalidad de promover la divulgación de la doctrina espírita.

Actualmente se encuentra trabajando desde Perú en la traducción de libros de varios médiums y espíritus del portugués al español, habiendo traducido más de 160 títulos, así como conduciendo el programa "La Hora de los Espíritus."

La SAGA de aquellos cuyas vidas fueron transformadas por el encuentro con Jesús, contada por quienes vivieron en Judea en la época del Maestro. El espíritu de Esteban revela detalles de varios relatos evangélicos, narrando el antes, el después y más el texto bíblico omitido sobre la vida de personajes que se cruzaron en el camino del Rabino de Galilea. Narrativas de rara belleza, que hablan al alma y te harán vivir la inolvidable y extraordinariamente dulce mirada del mayor educador que haya conocido la humanidad.

## MUJERES del EVANGELIO

Déjate cautivar por la sabiduría de Jesús. Fe en la capacidad de autotransformación humana, firmeza en su justa medida, dulzura que no debe confundirse con el pieguismo y la palabra siempre certera. Sobre todo, el amor y la compasión, el profundo respeto por el ser humano y la valentía en todos los sentidos son algunos de los atributos de la personalidad del hombre más instigador que jamás haya pisado el planeta Tierra. Serás transportado al anhelante paisaje de Galilea y descubrirás las más bellas historias del Evangelio contadas desde una perspectiva espiritual. La mujer samaritana y la propuesta de inclusión; la mujer sangrante y el poder de la fe y la persistencia; la mujer descarriada: del engaño al trabajo en favor de niños y ancianos desvalidos. Conoce los detalles de la conversión de María Magdalena, una apasionante historia de un reencuentro consigo misma. María de Nazaret, la madre consciente; la curación del paralítico en Cafarnaúm y la dificultad humana para comprender la propuesta de Jesús. Zaqueo y Bezerra de Menezes, Pedro y Allan Kardec: una mirada sobre sus reencarnaciones. El gentil Rabino de Galilea te espera. Atrévete a experimentar la dulzura de su mirada.

## MUJERES DEL EVANGELIO

¿Ves a esta mujer? Entré en tu casa, y no me diste agua para mis pies; pero ésta ha regado mis pies con lágrimas, y los secó con su cabello. No me besaste, pero desde que entré no ha dejado de besarme los pies. Tú no ungiste mi cabeza con aceite, pero ella ha ungido mis pies con ungüento. Por eso os digo que le son perdonados sus muchos pecados, porque amó mucho.

LUCAS 7:44-47

# ÍNDICE

# CARTA AL LECTOR POR EL ESPÍRITU ESTEBAN

Al escribir algunas notas sobre personajes cuyas vidas quedaron inmortalizadas en las páginas sublimes del Evangelio, vale la pena señalar que lo hicimos para que sirvan de ayuda al estudioso de las palabras consideradas sagradas. Estas son solo observaciones personales de alguien que estudia y aprecia el contenido sagrado de las enseñanzas dejadas por el Maestro de Galilea. Algunos comentarios pueden ser necesarios para que comprendamos ciertos aspectos que involucran a los personajes bíblicos, según una perspectiva espírita más amplia.

No basamos nuestros comentarios en palabras dichas o escritas por otros espíritus u otros médiums. Las notas en este libro son personales, una interpretación personal - ¡sí, los espíritus también tienen opiniones!, que no invalidan ni desvirtúan ningún punto de vista que otra mente pueda tener sobre los mismos hechos.

Solo nos gustaría pedir a los hermanos lectores que desarrollen la sensibilidad para darse cuenta que no estamos dogmatizando absolutamente nada en relación con los personajes aquí presentados. Lo que estamos tratando de hacer, al desarrollar nuestro pensamiento en estas páginas, es solo presentar una dimensión espiritual, una enseñanza moral y un punto de vista de quien estudia la verdad -no en su sentido literal, tratando de sacar del simbolismo la enseñanza que sirve para cambiar la visión interior del ser humano.

De este modo, nuestras observaciones y nuestros apuntes sobre muchos personajes del Evangelio pueden incluso ser confrontados con otros desarrollados por espíritus eminentes a través de diferentes medios. Repito: el objetivo es presentar un punto de vista, una opinión - a la que todos tienen derecho - y no copiar los puntos de vista de otros seres o incluso repetir declaraciones y descripciones.

Que el lector tenga la sensibilidad para extraer el "espíritu" de la carta; que consigue ir más allá de las apariencias y sintonizar con el objetivo de esta obra: poner en valor el aspecto espiritual, y no los factores geográficos, históricos o incluso sociales, de las personas que desfilan en las páginas del Evangelio. Otros hechos que merecen mención con referencia a nuestras notas sencillas y sin pretensiones: la hermenéutica bíblica y el contexto en el que se escribieron las enseñanzas inmortalizadas en el Evangelio. Es bueno prestar atención a tales aspectos cuando se pretende juzgar sobre un punto de vista dado o una interpretación dada. Incluso entre nosotros, los desencarnados, existen puntos de vista, opiniones diferentes y a veces divergentes, respecto a una misma situación. Algo así puede ilustrarse como un prisma espiritual, que descompone la verdad bajo diferentes aspectos, para que personas de diferentes orígenes culturales puedan encontrar su "verdad", la que habla más profundamente a su corazón.

En definitiva, cuando escribimos estas palabras, queremos hablar más al corazón que a la razón. Por tanto, el lenguaje más poético y menos didáctico que impregna nuestras notas.

A usted, lector, nuestro cariño, simplemente, sin pretensión alguna de dictar verdades eternas e inmutables.

Solo un punto de vista, una interpretación hecha con el corazón, para el corazón.

Con amor, siempre,

Esteban.

# PREFACIO
# JESÚS VUELVE
# A LA TIERRA

Fue en el ambiente espiritualizado y nostálgico de la antigua Galilea que la humanidad experimentó por primera vez las reverberaciones luminosas de lo Alto fusionándose con la humanidad terrestre.

Allí, en ese rincón oscuro pero sublime, fue donde el Embajador de la Vida tocó la sinfonía más grande que jamás pudo ser escuchada por el corazón de los hombres.

Hoy, casi dos mil años después de su presencia entre los hijos de la Tierra, aun resuena el mensaje de la gloriosa inmortalidad.

Se derraman lágrimas y se tocan los corazones ante las notas armoniosas rasgueadas en el arpa de la nostalgia.

He aquí los afectos que les precedieron en el gran viaje del infinito vuelven, haciendo resonar sus voces por toda la Tierra, haciéndoles recordar el origen divino de todos nosotros. Consolando los corazones, elevando los espíritus, infundiendo esperanza, demostrando la soberanía de la vida sobre la muerte, estos espíritus del Señor sobrevuelan los cielos del sufrimiento humano y las cenizas de la incredulidad, llamándolos a la unión íntima con el Padre, autor de la vida. Amados hijos, he aquí nuestro humilde aporte a sus íntimas conquistas, a sus sentimientos, rogando al Padre de la luz eterna que los cobije en su pensamiento generoso y sostenga su camino.

# PARTE I

## ENCUENTRO CON JESÚS

Ella dio a luz a su hijo primogénito, lo envolvió en pañales y lo acostó en un pesebre, porque no había lugar para ellos en la posada.

Había pastores en esa misma región que vivían en los campos y cuidaban sus rebaños durante las vigilias de la noche. Se les apareció un ángel del Señor, y la gloria los rodeó, y se apoderaron de ellos un gran temor.

El ángel les dijo: No temáis. Os traigo una noticia de gran alegría, que será para todo el pueblo. En la ciudad de

David os ha nacido hoy un Salvador, que es Cristo el Señor. Esto os servirá de señal: Hallaréis al niño envuelto en pañales y acostado en un pesebre.

Lucas 2:7-12[1]

---

[1] Todas las citas bíblicas están tomadas de la Biblia de referencia de Thompson. Traducción de João Ferreira de Almeida - Edición contemporánea. São Paulo: Vida, 1998, octava edición.

# 1 LA VENIDA DE JESÚS

El Evangelio es la buena nueva de Dios para la humanidad. Representa el esfuerzo de lo Alto por implantar el reino del amor en la Tierra. Este reino no es una utopía. Es una realidad que por ahora encuentra su cumplimiento en el interior de cada uno, en el país del alma.

Para que un reino llegue a existir, debe haber una ley rectora, debe haber un gobernador. El reino de Dios o el reino de los Cielos se entiende seguramente como el esfuerzo realizado durante siglos y milenios para transmitir el mensaje renovador a los habitantes de la Tierra.

Desde los tiempos remotos, que se perdían en la noche profunda de los evos, el Altísimo ha enviado a Sus mensajeros para dar a conocer al hombre una parte de la verdad, esa misma verdad tan incomprendida a través de los siglos, incluso por aquellos que dicen son sus apologistas.

El planeta Tierra fue poco a poco visitado por mensajeros de las alturas. Varios pueblos se presentaron con la llegada de emisarios que la bondad divina envía cada cierto tiempo en tiempo para la iluminación de las conciencias en evolución en el mundo.

En todo tiempo, en todas las latitudes de la Tierra, se han escuchado las voces del cielo. Pero debido a que fueron incomprendidos en todos los lugares donde estuvieron presentes, lo Alto decidió planear una embestida más intensa. El nacimiento de Cristo no fue obra del azar. Dios no estaba sorprendido por las cosas del hombre. Desde tiempos inmemoriales, la venida al plano físico del gobernador espiritual del planeta Tierra ha sido parte del consejo de los espíritus puros. Gradualmente, a través del conocimiento que la humanidad recibió, se fue preparando el camino para el más grande de todos los profetas, el gobernador espiritual del orbe.

Los espíritus directores del sistema solar influyeron gradualmente en los destinos del mundo. La política, las artes, el comercio y las filosofías recibieron poco a poco el soplo renovador de espíritus superiores. Roma fue llevada al escenario político del mundo para unificar a los pueblos. Su influencia, a pesar de haber sido establecida a través de sus armas de hierro, contribuyó a la unificación de las naciones.

Cuando se acercó el momento del nacimiento del Maestro, las guerras cesaron gradualmente. La influencia benéfica del plano superior estaba amortiguando las energías conflictivas de los gobiernos terrestres. En todas las áreas del conocimiento humano se sintió la benéfica influencia de los Inmortales. El pueblo judío, que a lo largo de los años no había encontrado la paz para su nación, encontró cierta tranquilidad moral, política y emocional con la venida del divino Maestro.

La voz de los profetas no había sido escuchada por más de 400 años.

El tiempo, que transcurrió bajo la bendición de Dios, proporcionó un tiempo de meditación, de reflexión de los pueblos y, principalmente, del pueblo judío. A pesar de los abusos derivados de la condición evolutiva de los pueblos terrestres, un aura de paz envolvió a los pueblos de la Tierra.

Fue el acercamiento de la vibración de Cristo sobre la morada de los hombres lo que produjo las bendiciones a las que el hombre no estaba acostumbrado.

Los emisarios de todos los tiempos, entonces desencarnados, se reunieron sobre los cielos del planeta Tierra para ayudar en la ejecución del gran plan cósmico. Jesús, el ser angelical que organiza, que gobierna los destinos de los pueblos terrestres, se acercaba vibratoriamente a la morada de los hombres. Su aura magnética, que envolvía toda la extensión del sistema solar, fue reduciéndose gradualmente, contrayéndose, bajo la acción de su voluntad soberana. La reducción de las energías de su aura hizo que él, el espíritu más puro que se le dio a conocer a los hombres, entrara en contacto con las vibraciones y los fluidos impuros y pesados del planeta Tierra.

A través de los siglos, Jesús asumió su propia naturaleza humana, para que, a su debido tiempo, pudiera asumir un cuerpo semejante al de los hombres terrestres.

Su acción sobre los fluidos de la Tierra tenía como objetivo que Él, director divino de nuestras almas, pudiera adquirir algún punto de contacto con la materia etérica o astral que constituía el orbe terrenal. De esta materia, de su parte más sutil, se formaría el cuerpo espiritual del Maestro, el cual, más tarde, por medio de María, aglutinaría, en torno a sus radiantes centros de fuerza, las células físicas de las que se formaría su cuerpo físico.

A lo largo de los siglos tuvo lugar este descenso vibratorio. Pasaron años y décadas antes que ese espíritu puro pudiera encontrar un punto de contacto con la vibración del mundo material. Se manipularon cantidades inmensas de energías, hasta que los líderes de lo Alto lograron elegir el cuerpo ideal, a través de la selección de genes y cromosomas. A través de esta selección genética - que los Evangelios relatan como la genealogía de Jesús, realizada a lo largo de 14 generaciones desde David hasta José y María - se creó el cuerpo físico que el Maestro organizaría para la morada de su espíritu. María, José y sus antecedentes en el árbol genealógico fueron elegidos no solo por la elección natural de sus espíritus, sino también por la constitución física conservada a través de los siglos.

Ingenieros siderales, científicos del cosmos, espíritus sublimes responsables de la humanidad, formaron la legión de almas iluminadas que se vieron sobre el lugar del nacimiento del Maestro en el pesebre, en forma de estrellas. Formaron la legión de Inmortales que, tras el trabajo de siglos, vieron finalmente realizado el gran plan divino bajo la paternal protección de Dios.

# 2 LA VOZ DE CRISTO

Ante las perspectivas que se perfilan en los cielos de la humanidad, visualicemos a Jesús, la señal de la vida y el sensible maestro de nuestra alma. Ese día, cuando caminó, dejando sus huellas en el suelo del planeta terrestre, los hombres aun dormían. Olvidados de sus responsabilidades, la vida social y política discurría paralela a los acontecimientos que marcaron la historia, en la persona de Cristo.

Suya era la voz que resonaba en las tierras altas de Judea o en los hermosos valles de Cafarnaúm y Betania. Suyo fue el mensaje que más tarde sensibilizaría a los dominios de los Césares y descubriría los valores adormecidos de los hijos de la Tierra.

Aunque los humanos durmieron el sueño de los incautos y despreocupados, Él trabajó en el silencio de los siglos, elaborando lentamente el futuro de los pueblos en el laboratorio del mundo. Aunque sus seguidores olvidaron el significado de sus enseñanzas, nunca se dio por vencido, y cuando la turba romana pensó que había amortiguado su voz en el frío de la tumba, lo que parecía una derrota se convirtió en el símbolo de la victoria para su espíritu. La tumba vacía atestiguaba una vida que prosiguió victoriosamente más allá de las expectativas humanas.

Hoy, cuando los gobiernos terrenales aun luchan en los circos de la política humana, Él, gobernador supremo y administrador general de los destinos humanos, permanece atento tras los bastidores de la historia. Cuando los hombres creen tener el poder, la muerte, como compañera de vida, cambia de un día para otro el panorama de la política y de la vida humana, demostrando que Jesús coordina los destinos del mundo.

El orgullo y la indisciplina se derrumban, y ante el poder de la vida y del Maestro, la política divina aparece más amplia, más amplia y más dilatada que todos los planes de los laboratorios humanos. Las plataformas y proyectos de los hombres se muestran viciados, pero Él, el amigo de las horas inciertas, el Maestro y embajador de las estrellas, permanece lúcido en medio de las constelaciones dc la Vía Láctea, guiando cada paso de las humanidades subordinadas a Él.

Por tanto, no hay que temer los males aparentes, que, ante la magnitud del gran plan del Arquitecto universal, son como polvo dispersado en el vendaval de la futilidad humana.

Entreguémonos a Él, el amigo que nunca falla, y pongámonos a disposición de las fuerzas soberanas de la vida, que personifican el bien en beneficio de todos nosotros. Solo Jesús tiene autoridad moral suficiente para conducirnos entre las estrellas de la Vía Láctea, hacia el resplandor de los soles, donde nuestra marcha sideral lo exige.

# 3 LA POLÍTICA DE LAS BIENAVENTURANZAS

Bienaventurados los pobres de espíritu, porque de ellos es el reino de los cielos.

Bienaventurados los que lloran, porque ellos serán consolados.

Bienaventurados los mansos, porque ellos heredarán la tierra.

Bienaventurados los que tienen hambre y sed de justicia, porque ellos serán saciados.

Bienaventurados los misericordiosos, porque ellas obtendrán misericordia.

Bienaventurados los de limpio corazón, porque ellos verán a Dios.

Bienaventurados los pacificadores, porque ellos serán llamados hijos de Dios.

Bienaventurados los que padecen persecución por causa de la justicia, porque de ellos es el reino de los cielos.

Mateo 5:3-10

Se abren las puertas del tiempo y se recibe el nuevo milenio con el don y el tributo de la locura humana. Pero, ante la visión espiritual, las lágrimas y las pruebas que vienen al encuentro de nuestros hermanos solo reflejan nuestra necesidad de Jesús, la sed de Dios y la urgencia de hacer la paz y el silencio en el clima tormentoso de los corazones humanos.

Como en los antiguos días de Galilea, cuando Pedro, Santiago y Juan enfrentaron el mar embravecido y las tormentas amenazantes, la nave del barco de la Tierra naufraga, se mece, frente a la furia de los corazones de los hijos de la Tierra.

También en ese tiempo atrás en el tiempo, en Genesaret, los apóstoles, simbolizando a todos nosotros, los hijos de la Tierra, esperaban la intervención divina.

La tormenta amenazó la estabilidad de la barca del pescador cuando el Maestro tomó el mando de la naturaleza y, pacificando los elementos con la firmeza de su amor, calmó los corazones asustados de sus seguidores.

Necesitamos a Jesús, su mandato, su dirección. El mundo aun no está listo para seguir su marcha sin la referencia preciosa del corazón del Maestro.

Para que la paz se establezca en el mundo y la guerra ceda su terreno para el establecimiento del amor, es necesario hablar de Jesús, vivir a Jesús y respirar a Jesús por cada poro del alma.

No basta caminar por la paz si no ejercemos la paz en la familia. De nada servirá clamar contra la guerra sin hacer silencio en el alma para escuchar la voz del Divino Timonel.

El mundo nunca ha necesitado tanto a Jesús como hoy. Debemos establecer la paz definitiva en nuestros corazones, recordando a Jesús calmando las tempestades. Es hora de ayudar a Maestro en su campaña permanente de no violencia y de acogerlo en nuestras vidas, corazones y almas.

Cuando el Maestro Jesús vino a predicar el reino de Dios, trajo a la Tierra una nueva propuesta de vida. El reino de los Cielos o reino de Dios[2] representa la acción de las fuerzas soberanas de la vida para implantar el reino del amor en el planeta.

El hombre terrenal, acostumbrado durante siglos a las cosas materiales, no tenía ojos para ver ni oídos para oír. Para percibir la influencia de lo Alto en la vida de los hombres, es necesario hacer uso de diferentes significados. Nuevos ojos y nuevos oídos, o, ¿quién sabe? - percepciones y sentidos nuevos, más sutiles y sensibles.

El reino de los Cielos en la Tierra es un reino real. Este reino, para que podamos entenderlo, lo podemos visualizar como un gobierno interior, porque este reino se basa en la realidad íntima, psíquica, intuitiva; por lo tanto espiritual. Sin embargo, para que un determinado gobierno tenga una acción real y directa en la vida comunitaria, debe haber una ley y un legislador.

Las Bienaventuranzas reflejan los principios o leyes sobre los que se estructura el reino divino. Reflejan estados íntimos del alma humana en busca del alma divina del universo. Cuando Jesús pronunció las bienaventuranzas,

---

[2] Cuando se le preguntó sobre el uso de los términos reino de Dios y reino de los cielos indistintamente - lo que no hace en otras ocasiones - el espíritu Esteban argumentó que prefería, debido a la naturaleza de este libro, no hacer una diferencia entre ambas, una especificidad que solo sería apropiada en un trabajo de contenido analítico. [Nota del editor.]

llevó a cabo la predicación de su plataforma política. Sí, de una política divina, interna, subjetiva. La política humana se fundaba en leyes creadas por el hombre y que los propios legisladores de las distintas naciones desobedecían: leyes humanas para gobiernos humanos; leyes divinas para un reino divino.

"Bienaventurados los mansos y pacíficos; bienaventurados los sencillos de espíritu..."

La ley divina que estructura la realidad del hombre nuevo, del *Homo spiritualis*, es una ley natural, ya que es la expresión de la sencillez, la manifestación de la mansedumbre, la exteriorización de los estados internos del alma humana.

A partir de tal realidad, la ley del amor reconstruiría a lo largo de los siglos, sobre las cenizas de las sociedades humanas fallidas, un nuevo reino, un nuevo gobierno, una nueva raza de hombres.

Las bienaventuranzas, vividas en su sencillez, inauguraron una nueva etapa de la vida en la Tierra. Era el comienzo de la era del espíritu inmortal. La no violencia que se reflejó en la mansedumbre, en la sabiduría, en la excelencia de los valores espirituales.

Tratemos de estudiar cada palabra del sermón de Jesús y, en particular, las bienaventuranzas. Así podremos comprender la grandeza del reino de amor que Cristo inauguró en el mundo hace dos mil años.

# PARTE II

Después de eso, Jesús fue de ciudad en ciudad y de aldea en aldea, predicando y anunciando el Evangelio del reino de Dios. Los doce fueron con él, y también algunas mujeres que habían sido curadas de espíritus malignos y enfermedades: María, llamada Magdalena, de la que salieron siete demonios; Juana, esposa de Cuza, procurador de Herodes; Susana, y muchos otros, que le sirvieron con sus bienes.

Lucas 8:1-3

# 4 MARÍA MAGDALENA

Judea estaba viviendo momentos insólitos. Las águilas romanas, esparcidas por los vientos, revoloteaban sobre los estandartes de los soldados y generales de César, dando testimonio de la violencia que reinaba en los corazones y la coacción espiritual que caracterizaba a la gente de entonces.

Cayo Julio César Augusto, el Divino Emperador, espíritu rebelde por naturaleza, ya sentía en sí mismo el reflujo de su propia altivez. Dejándose influenciar por las suaves vibraciones que se acercaban a la Tierra, se transformó lentamente en un esteta, el poeta y el hombre nuevo que comenzó a cambiar el panorama interno del Imperio Romano. Poco a poco, bajo la influencia de un aura magnánima y divina, las águilas de Roma fueron depuestas y la civilización de la época conoció una época de dulzura, que marcó aquellos años bajo la influencia de Cristo.

Acercándose al planeta, llorando en el pesebre, de él salió la voz infantil que sacudió para siempre el trono de César y depuso la altivez de los soberbios. Ante él se inclinaron los más grandes representantes de los poderes terrestres y ante su voz se sometieron las entidades perturbadas e inquietantes de la marcha humana.

Suavemente caminó entre la multitud y, sin salir de los estrechos confines de Judea, su influencia logró llegar a todo el planeta, mundo de exilio para los hijos de Eva.

En aquellos días, una mujer inusual vivía en la ciudad de Magdala. Acostumbrada al lujo y al esplendor, se vendió a la soldadesca exigente y a los generales dotados de oro y plata, deseosos de encontrar la felicidad. Sin embargo, cuanto más compartía el cuidado de su cuerpo en su villa de Magdala, más ansiaba su alma el toque de la dulzura y ansiaba conocer al hombre con el que había soñado toda su existencia.

Invitada por Mnair, el sabio persa que la había visitado en su lupanar, María corrió al pueblo de Cafarnaúm, un lugar que quedaría grabado para siempre en su alma sensible y especial. Llegando allí, buscando en su eterno viaje, esa alma femenina, cansada de los torcidos caminos a los que se había entregado, halló la sencilla casa de Barjonas, la posada del cielo entre los montes de Galilea y las riberas de Tiberíades.

Esa tarde el Sol disparó sus rayos dorados, que se filtraron a través de las hojas de palma y convirtieron el cabello del hombre en polvo de estrellas, reflejando el resplandor del sol en el color almendrado de sus penetrantes ojos. Los mechones cayeron sobre sus hombros, y una amplia sonrisa se estampó en sus labios, que hablaban, aunque no articulaban palabra alguna, en el elocuente silencio propio de las almas evolucionadas.

María, de pie a la entrada de la villa de Barjonas, vio el reflejo de las estrellas en los ojos y el cabello de aquel hombre insólito. Su voz, murmurando unas pocas palabras, lo penetró como una espada afilada en el alma afligida, promoviendo una profunda cirugía en el espíritu enfermo:

- ¡María! Como te esperé.

- ¡Raboni! - Respondió la mujer, cuyos ojos, fijos en el infinito, que estaban impresos en la mirada de aquel hombre, parecían sumergirse en la eternidad. El encuentro de la tierra y el cielo hizo que se rompieran las ataduras del pasado, y la transformación de las sombras en claridades divinas quedó registrada para siempre en la luz astral, inmaterial, que viaja por el universo, testimoniando el poder del amor inconmensurable del Maestro.

Tras un breve diálogo, ya que las grandes almas no necesitan palabras complicadas, María vuelve a Magdala, se deshace de su mansión y dona sus joyas y sus bienes a los desdichados del camino. Regresa a Galilea y vuelve a los caminos de Cafarnaúm, tratando de seguir los pasos del rabino hasta los rincones del mundo. Por donde iba, la sombra silenciosa de una mujer lo seguía, y después que uno a uno de sus discípulos lo abandonaran entre el látigo del verdugo y la revuelta del mundo, ella, María de Magdala, se convirtió en la mensajera de la resurrección, la emisaria divina para la buena nueva del reino del amor, que se estableció en la Tierra.

Cuando el Rabino y señor de los mundos regresa a las estrellas, continúa María, madre María, apoyando y sirviendo, entre los portadores de enfermedades físicas y contagiosas, dejando florecer en su rostro las marcas del amor, transubstanciando su alma día a día en un ángel de luz que extiende sus alas sobre el panorama del sufrimiento humano.

Pasan los siglos, y los hombres, olvidando la sencillez de las enseñanzas del Maestro, vuelven a registrar la presencia de la mensajera de la ternura, que se materializa en la tierra de Ávila, trayendo al mundo el ejemplo único de su alma experimentada. Teresa de Ávila se convierte en portadora del mensaje de Jesús y de la caridad y ternura de su espíritu por los pobres de aquel tiempo.

Una vez más los tiempos se renuevan. El mundo conoce guerras y clamores, y lloran las almas dolientes, perdidas y necesitadas del soplo del cielo. Jesús llama a su mensajera celestial y, respondiendo al llamado del corazón, María de Magdala, luego Teresa de Ávila, se materializa en el mundo entre los tiempos difíciles que preceden al nuevo milenio como Teresa de Calcuta, Teresa de los pobres, Teresa de todos nosotros.

Llevando el mensaje de esperanza y resurrección a los hijos del exilio, la mensajera de esperanza y buenas nuevas honra el llamado divino y trae luz a la Tierra, dejando su estela estelar en las huellas que marcaron para siempre la historia del mundo.

Hoy entre las estrellas, brillando entre las constelaciones, tu alma se refresca en la presencia del Rabino de Galilea, para volver nuevamente a la Tierra, ayudando a establecer definitivamente el reino del espíritu en la nueva era que marca el estallido evolutivo de la planeta.

María de Magdala, Teresa de Ávila, Teresa de Calcuta, de los pobres, el lápiz de Dios, vive entre las estrellas, dejando huellas de su luz, que alumbra los corazones que sufren, marcando para siempre el camino de la resurrección, que alegra la vida de los hombres. destinos

# 5 DEL AMOR MUNDANO AL AMOR DIVINO

Por eso os digo que le son perdonados sus muchos pecados, porque amó mucho.

Lucas 7:47

María Magdalena y María la madre de José vieron dónde lo habían puesto.

Pasado el sábado, María Magdalena, María, madre de Santiago, y Salomé compraron especias aromáticas para ir a ungir el cuerpo de Jesús.

Muy de mañana, el primer día de la semana, poco después de salir el sol, fueron al sepulcro. Se decían unos a otros: ¿Quién removerá la piedra de la entrada del sepulcro?

Pero mirando, vieron que la piedra, que era muy grande, ya había sido rodada. (...)

Temblando y atónitas, las mujeres salieron y huyeron del sepulcro. No dijeron nada a nadie, porque tenían miedo.

Cuando Jesús resucitó el primer día de la semana, se apareció primero a María Magdalena, de quien había expulsado siete demonios. Cuando ella partió, lo anunció a los que habían estado con él, los cuales estaban tristes y llorando. Cuando oyeron que Jesús vivía y que ella lo había visto, no creyeron.

Marcos 15:47; 16:1-4, 8-11

Era tarde. La luz del sol dio paso a las sombras que se acercaban, formando el telón de fondo del brillo diamantino de las estrellas.

A lo lejos, la mansión de Magdala se preparaba para otra noche en la que el reinado del placer y la sensualidad reemplazaría a la paz de la conciencia. Fue también la noche de los sentimientos en la que el negro manto de las pasiones descontroladas cubrió las manifestaciones del verdadero amor que está en el interior de todos los seres humanos.

María, la anfitriona de la fiesta de los deseos, envuelta en sus ropas de la más pura seda, en colores que iban del púrpura al escarlata, aun dormía en su tálamo, esperando la hora en que sus invitados entraran en los umbrales del palacio. Esperó la hora de la fiesta de la orgía, cuando pretendió embriagar sus sentidos, dejándose en los brazos de los hombres de la época.

Todos los grandes e importantes de esa generación buscaban asiduamente el entretenimiento de la mansión de Magdala. Como ningún otro resort en esa región, la casa de María combinó lujo, refinamiento, lujo; de manera singular, la perdición tomó de repente un sabor picante, y un color especial hizo brillar las fiestas con tantas monedas de oro como fueron necesarias. Los sentidos se agudizaron y se embriagaron esos hombres en busca de ilusión. Buscaban el amor disfrazado de placer.

Cada búsqueda refleja los anhelos del alma humana. Toda búsqueda de placer refleja insatisfacción con uno mismo, pues es sobre todo una búsqueda de felicidad. No importa los medios, por equivocados que sean. El hombre siempre busca la felicidad, aunque sea como el gusano que, arrastrándose en las entrañas de la tierra, sueña con las manifestaciones de la luz.

Sucumbir al placer que embriaga temporalmente los sentidos representa el anhelo de algo indefinible que trae felicidad. Es el hombre en busca de Dios, la paz y el amor verdadero. Sin embargo, durante la noche del alma y su delirio, en que se desarrolla parte de tan irremediable búsqueda, el ser experimenta las tortuosidades del camino, hasta encontrar los caminos de Dios.

María Magdalena, dormida en su lecho de placeres, presa de su propia noche conciencial, soñaba. He aquí, a lo lejos, en las afueras de Judea, a orillas del Jordán, entre las bellezas de la naturaleza que se nublaba con la luz del sol, alguien se movía con gracia. Con su sueño de mujer, buscaba visualizar a un hombre diferente a los que buscaban su cuerpo para beber del engañoso placer. Pero la figura masculina de su sueño se deslizó entre los árboles y los jardines; solo se veía una sombra, una figura que dejaba tras de sí una estela de extraña luz, haciendo palidecer los reflejos del sol en las ramas de los árboles o los pétalos de las flores. El sueño continuó, y en un momento María recobró el sentido. Se dio cuenta que era lo que había estado esperando en sus anhelos y noches de insomnio, acompañado de la angustia que llenaba su cama vacía después que todos los demás se habían saciado. Finalmente lo había descubierto: ese era el fruto de su clamor, era el fin de sus deseos.

Ese hombre mágico luego se volvió hacia ella.

Su expresión era tan suave como la brisa del día, y su mirada era como las estrellas, como esferas de diamantes que brillaban en la oscuridad, la oscuridad del alma humana. La dulzura de su mirada ganó el corazón de María, y desde entonces ese amor no amado y no consumado que sentía por aquel hombre desconocido comenzó a poblar las noches y los sueños de la dama de Magdala.

Al despertar del letargo de sus sentidos, María llamó a las criadas y les ordenó que cesaran de inmediato los preparativos y despidieran a los invitados de la noche. Una angustia indefinible dominaba ahora su alma inquieta. Ya no podía olvidar aquella mirada de la que se había enamorado perdidamente. No era pasión como la que sentía por los amantes más corteses que la buscaban. Pero ese estar nublado de luz no se parecía en nada a los hombres que devoraban sus sábanas. Definitivamente era diferente e inspiró algo inusual en ella que no podía expresar con palabras.

Sin una comprensión clara de la decisión de la dama, los sirvientes cumplieron sus órdenes y despidieron a los invitados, quienes ya se acercaban a la mansión de Magdala. Con el paso del tiempo y la ausencia del esplendor y el jolgorio habitual, las doncellas se inquietaron, preguntándose qué le estaría pasando a su ama. Ya no salió de sus habitaciones; permaneció hosca y cabizbaja, sumida en sus propios pensamientos. Palabra no articuló sus labios; día tras día estaba triste y angustiada. Tal vez añoranza, ¿quién sabe? Ciertamente ya no tenía la alegría y el vigor del pasado.

A menudo, el anhelo del ser humano por las cosas mundanas y materiales lo lleva a la saciedad, cuando experimenta la visión epicúrea del mundo. Sin embargo, ante algo que trasciende sus sentidos y sus vivencias como hombre común y corriente, le inquieta de tal manera que algo empieza a moverse en su interior. Es la semilla de la conciencia espiritual que, ante el choque de las vibraciones, amenaza con despertar, así como la semilla que, arrojada en el seno de la tierra, amenaza con reventar en el momento oportuno, iniciando el desarrollo de la diminuta planta que luego se convertirá en frondosa encina. Es el lirio que poco a poco rompe el claustro de los pantanos y se proyecta hacia el sol, perfumando la vida.

María se había retirado a sí misma, en profunda meditación. Ya no encontraba satisfacción en los placeres de la libido ni en la compañía de hombres que comerciaban con su cuerpo como si fuera sal o ungüento precioso. De repente, se sintió fuera de lugar, disgustada por esa vida a la que ya no pertenecía. Anhelaba a ese otro hombre. Había esperado que de alguna manera no más misteriosa que la forma en que él había invadido y transformado su corazón, este hombre vendría a ella. Necesitaba otro amor, que rasgara el velo negro de su vida hueca y sus noches vacías, para tejer el manto de un nuevo día y mostrarle la perdida belleza de vivir.

Un día, inclinada sobre el alféizar de la ventana de su mansión, escuchó a dos sirvientas hablando con un extraño anciano que pasaba. Hablaban de algo o de alguien. Intentaban hablar en voz baja, pero María, después de unos momentos de concentración, logró escucharlos con cierta claridad. Hablaron de un joven que pasaba por Cafarnaúm y Tiberíades en Galilea. Era alguien especial, un hombre diferente, aseguró el viajero. Se refirieron a él de tal manera que llamaron la atención de la señora de Magdala. Algo se movió dentro de ella. Su corazón latía con fuerza cuando escuchó acerca del extraño galileo. Era como si en su interior sonara la campana de la vida, que tenía que continuar. Se encontró mirando dos lágrimas solitarias que brotaban de sus ojos. Sin insistir en pensamientos íntimos, María baja las escaleras de la mansión y ordena a sus sirvientas que lleven al anciano a su presencia. Inmediatamente exigió más información sobre el galileo, el extraño rabino del que estaban hablando. El anciano judío le habló durante horas y horas sobre las hazañas del hombre. Desde la forma inusual en que se comportaba o actuaba, el brillo en sus ojos y la suavidad de su voz. María ahora se dejó llevar por los recuerdos de sus sueños. A medida que el señor lo describía y contaba sus historias, ella estaba cada vez más segura que este era el hombre por cuya imagen la perseguían noche tras noche y en cuya presencia esperaba encontrar el amor que una vez la había seducido con solo el resplandor de una mirada.

Arregló con Mnair, ese viejo judío, que se pusiera a buscar al rabino y, proporcionándole la cantidad adecuada de monedas, le ordenó que lo comunicara inmediatamente, tan pronto como lo hubiera encontrado.

María cambió aun más en los días previos a su reunión. Durante la búsqueda y la espera, que parecía interminable, había perdido el apetito y ya no dormía, visiblemente debilitada. Se convirtió en objeto de preocupación para sus sirvientes, quienes para entonces ya pensaban que su ama estaba enferma.

Después de largos y angustiosos días, el anciano regresa a la mansión trayendo a María noticias urgentes.

Había encontrado al galileo. Iba camino a la casa de un tal Simón, de sobrenombre Barjonas, en Cafarnaúm. Según la información recabada, permanecería allí unos días, lo que le daría tiempo a María para tomar el camino y llegar al pueblo al que se dirigía el misterioso hombre.

Sin pestañear, María cambió sus túnicas de seda y púrpura por las sencillas túnicas de sus sirvientas, luego descendió las escaleras del palacio de los placeres modificadas por la esperanza de encontrarse y encontrarse en la visión de aquel hombre que la fascinaba.

Dio instrucciones a sus sirvientas y partió inmediatamente, junto con el anciano, que le hacía compañía. Disfrazada con ropas sencillas, buscó la discreción y la modestia, atributos que nunca le habían sido útiles en sus conquistas hasta ese momento.

La vida siempre nos envía su recado, invitándonos a la renovación interior. Dormidos en viejas concepciones o en la grosera manifestación de los sentidos, a veces no logramos percibir el momento del cambio. Pero quien despierta del letargo sensorial y busca dentro del Yo encuentra las respuestas a sus anhelos. Las tinieblas de la ignorancia se disipan ante la luz del conocimiento de la verdad y el bien; la belleza que habita el interior se revela y constituye a cada ser humano en su esencia. Despierta un nuevo ser, un nuevo hombre.

Cafarnaúm estaba llena de gente que acudía a las calles siguiendo los pasos del galileo. Muchos lo buscaban teniendo en cuenta que serían satisfechos en sus más inferiores y bajos deseos, pues buscaban la inmediata saciedad de sus necesidades. Otros lo buscaban con el motivo ulterior de aprovecharse del aura de fama y proyección social que lo rodeaba, explotando a la plebe, a veces crédula e ingenua, con promesas nunca cumplidas, sin vacilar en regatear con la fe de los demás. Todavía hubo quienes intentaron proyectarse en la sombra del rabino, tratando de obtener de la multitud los títulos de efímera gloria, explotando su presencia en ese entorno.

Pocos fueron los que buscaron al hombre de Galilea, conscientes de su superioridad moral o de la íntima necesidad de abandonarse bajo su paternal protección.

María; sin embargo, a pesar de todos, se dirigió al lugar donde convergía la multitud. La casa era sencilla y humilde. La gente se agolpaba alrededor de la sencilla morada, esperando en silencio la manifestación del galileo. Estaban orando dentro de la casa. Era el culto en casa de Simón Barjonas, el hombre llamado Pedro en las conferencias evangélicas.

María se quedó, angustiada, a cierta distancia de la puerta. Anhelaba ese momento con todas las fuerzas de su alma. No tenía idea de cómo resultaría su encuentro con el hombre de Galilea. ¿Qué le diría? ¿Le pediría algo a cambio de sus sentimientos femeninos? Pero, ¿qué sentía realmente? Solo sabía con certeza que sus sentimientos eran diferentes. Ya no buscó la ilusión de los sentidos ni el sopor de la conciencia. Estaba despertando lentamente de su letargo espiritual.

El sol encontró su puesta. Los últimos rayos dorados incendiaron la piel oscura de María, mientras los umbrales de la casa de Cafarnaúm se rompieron con los reflejos luminosos de la estrella-rey. De repente, una figura se acercó al portal. El corazón de Magdala se aceleró y su conciencia amenazó con colapsar. La multitud callaba ante la presencia de quien irradiaba amor y palidecía el brillo de los rayos del Sol. Su figura altiva, pero gentil se presentó a la multitud que lo buscaba. Pero su mirada buscó entre la multitud a quien lo necesitara. Su cabello almendrado reflejaba el resplandor del crepúsculo y los rayos del Sol, mientras su mirada, buscando la de María, se fijó en ella por un momento. El silencio dominó el alma de Magdala. Era el silencio del espíritu, la serenidad indescriptible. La pasión que se disolvía en la tierna presencia del amor.

El rabino, sondeando profundamente el alma de María, abrió la boca y cantó:

- "María, todos los hombres te buscan porque te desean. Yo solo te amo."

María amenazó con desmayarse y fue apoyada por alguien de la multitud. Al decir esas palabras, el rabino de Galilea se volvió hacia la multitud y llegó a amarlos.

Ante tal revelación de amor, María nunca volvería a ser la misma. La suavidad de la voz del galileo y su mirada dulce y tierna penetraron hasta lo más profundo de su alma. Ella se convirtió, desde entonces, en una estrella de espiritualidad que había sido tocada por la luz inmortal de la estrella de primera magnitud, que es Jesús, y ahora reflejaba esa luz.

De vuelta en su mansión, despidió a sus sirvientas y distribuyó sus riquezas entre quienes la habían servido anteriormente. Aunque todos pensaban en ella como alguien que había perdido la cabeza, María de Magdala buscó deshacerse de la propiedad y el lujo, regalando todo y despojándose de todas las posesiones. Luego regresó a Cafarnaúm, pasó a Galilea, siguió a Berea y nunca dejó de seguir a Jesús.

Se convirtió en la figura de una mujer que siguió los pasos y las enseñanzas del rabino galileo. Dondequiera que aparecía el Maestro, esa figura de mujer lo seguía, porque ahora había encontrado al hombre de su vida, el hombre Jesús. Había sucumbido y se había dejado conquistar por el amor incomprendido. Había diluido por completo su ser en la mayor manifestación de amor que el mundo jamás había conocido, el amor de Jesús. Después de todo, fue esperado durante siglos, fue cantado en versos, profetizado en diferentes idiomas, y todos los pueblos sabían algo de él. Era el deseado de todas las naciones. María no pudo resistir a tan grande amor y, en un solo día, a diferencia de todos los días de la humanidad, en una soleada mañana del primer día de la nueva raza que nacía, María, la de Magdala, se convirtió en mensajera de la resurrección. Ella era la María de la vida, la María del amor, la María de Jesús.

# 6 MAGDALENA, LA OVEJA PERDIDA

Entonces los discípulos regresaron a casa, pero María se quedó llorando afuera a la entrada del sepulcro. Mientras lloraba, se inclinó para mirar dentro del sepulcro, y vio a dos ángeles vestidos de blanco, sentados donde había estado el cuerpo de Jesús, uno a la cabecera y otro a los pies.

Los ángeles preguntaron: Mujer, ¿por qué lloras? Ella respondió: Se han llevado a mi Señor, y no sé dónde lo han puesto.

Habiendo dicho esto, se volvió y vio a Jesús parado allí, pero no se dio cuenta que era Jesús.

Jesús le preguntó: Mujer, ¿por qué lloras? ¿A quién estás buscando?

Pensando que era el jardinero, ella respondió:

- Señor, si se lo ha llevado, dígame dónde lo ha puesto y lo buscaré.

Jesús dijo: ¡María!

Ella, dándose la vuelta, dijo en hebreo: ¡Raboni! (que significa Maestro).

Jesús le dijo: No me detengas, porque aun no he vuelto al Padre. Pero ve a mis hermanos y diles: Me vuelvo a mi Padre y a vuestro Padre, a mi Dios y a vuestro Dios.

María Magdalena fue y anunció a los discípulos: ¡He visto al Señor! Y él dijo que le había dicho estas cosas.

Juan 20:10-18

La mensajera de la resurrección, como se conoció a María de Magdala, dejó constancia de su historia, que los cristianos solo recientemente comenzaron a descubrir en la palabra del Evangelio.

María representa a todos aquellos que tienen un comportamiento emocional, afectivo y sexual diferente a lo que la mayoría considera correcto y dice que es normal. Su estilo de vida fue impactante, ya que escapaba a las normas religiosas y morales de sus contemporáneos. Su conducta, considerada pecaminosa por los religiosos, fue la marca de su personalidad. El comportamiento emocional y sexual que se le atribuye a lo largo de estos dos mil años representa a todos aquellos que todavía adoptan o tienen un comportamiento emocional, afectivo y sexual que los moralistas califican como comportamiento alternativo.

Pero la historia de Magdala arroja una luz muy clara sobre las acciones o reacciones que debemos aprender, aunque seamos supuestamente representantes y apologistas de las verdades evangélicas.

Cuando María fue al encuentro de Jesús en Cafarnaúm, no se transformó primero y luego fue hacia el Maestro. Tampoco se le exigió nunca cambiar su comportamiento, interpretado y mal interpretado en todo momento.

El Evangelio representa el encuentro del Cielo y la Tierra. Lo divino y lo humano. María de Magdala simplemente fue al encuentro de Jesús, y Él nunca le impuso ningún cambio, pues entendió que cada uno tiene el momento justo de despertar. Jesús simplemente la recibió, embriagándola con su amor y ganándose su respeto para siempre. En el Evangelio, no se da cuenta de la demanda de cambio; nada que indique la urgencia de un comportamiento pautado por la ignorancia y los prejuicios humanos.

María Magdalena, inspirada por el encuentro con Jesús, enriqueció su vida con nuevas experiencias espirituales, sin dejar de ser humana. La experiencia humana es la empresa más grande que el espíritu eterno tiene por delante. Nadie está obligado a dejar de ser lo que es.

Veamos, por ejemplo, la parábola de la oveja perdida, cuyo contenido es siempre actual. En el lenguaje figurado usado por el Maestro, la oveja estaba descarriada, perdida, indefensa. El pastor deja entonces las 99 ovejas en el redil y va en busca de la que se había descarriado. La encuentra, cura sus heridas, la pone sobre sus hombros, acogiéndola. Luego, felizmente regresa a la socialización de los demás.

La parábola no registra condenación por parte del pastor; en ningún momento interroga a la oveja sobre la razón de su conducta, que difiere de la adoptada por las demás; no encontramos ninguna pregunta del párroco que denote resaltar las diferencias. Él simplemente cura sus heridas, la coloca sobre sus hombros y devuelve la oveja al redil. Siempre a la luz del Evangelio, notamos que la experiencia de alejarse de las otras ovejas fue necesaria, valiosa y, debido a la reacción silenciosa del pastor, valorada en sí misma.

María de Magdala, en su historia de vida, vibrante y llena de ejemplos de gran riqueza, nos hace reflexionar sobre nuestra comprensión de quienes actúan y se comportan de manera diferente a la mayoría. Y cuando hablamos de diferentes conductas emocionales, afectivas y sexuales, no estamos juzgando que tal conducta sea peor o mejor. No nos disculpamos ni emitimos juicios con connotaciones moralistas. Solo nos detenemos a analizar las acciones y reacciones de Jesús en relación a las experiencias humanas. Respeto, valoración de la experiencia humana, discreto estímulo al progreso e íntima mejora, así como generosa comprensión del momento evolutivo de cada uno.

Aun así, el enviado divino termina su mensaje para todos nosotros transformando a María de Magdala, la que se comportaba de otra manera, en mensajera de la resurrección.

Este mensaje es uno de los más importantes del Evangelio, por eso recorre todo el texto: Jesús no se sirve de personas santas, resueltas o de comportamiento emotivo, social o sexual siendo considerado ejemplar. Solo valora lo que hay de bueno en cada uno de ellos.

María de Magdala siguió siendo malinterpretada y rechazada por el colegio apostólico, que la recibió llena de dudas y prejuicios. Sin embargo, aun así, ella fue la elegida para anunciar la resurrección. Su mensaje permanece hoy como un desafío a la comprensión del hombre y del cristiano del siglo XXI.

El Evangelio es inclusión, convivencia con las diferencias y valoración de lo humano.

# 7 LA MUJER EQUIVOCADA

Pero Jesús fue al Monte de los Olivos. Temprano en la mañana apareció de nuevo en el templo, y todo el pueblo se reunió alrededor de él, y él se sentó para enseñarles.

Los escribas y fariseos trajeron a Jesús una mujer sorprendida en adulterio. La pusieron de pie en medio del grupo, y dijeron a Jesús, Maestro, esta mujer fue sorprendida en adulterio. En la ley Moisés nos mandó que tales mujeres fueran apedreadas. ¿Ahora, qué dices?

Usaron esta pregunta como una trampa, por lo que tuvieron que acusarlo. Pero Jesús se inclinó y comenzó a escribir en el suelo con el dedo.

Como insistían en la pregunta, él se enderezó y dijo: El que de vosotros esté libre de pecado, que sea el primero en arrojarle la piedra. Inclinándose de nuevo, escribió en la tierra.

Al oír esto, se fueron alejando uno por uno, comenzando por los mayores, hasta que solo quedaron Jesús y la mujer en medio de donde ellos estaban.

Jesús se enderezó y dijo: Mujer, ¿dónde están? ¿Nadie te condenó?

Ella respondió: Nadie, Señor.

Jesús dijo: Yo tampoco te condeno. Vete, y no peques más.

Juan 8:1-11

Esa mujer había tenido su adolescencia como todas las hijas de Israel. Llena de vida y esperanza para el futuro, había crecido en medio de las fiestas de su pueblo, los juegos de niños y el estudio discreto de las sagradas escrituras de los profetas.

Había albergado en su alma el deseo de encontrar algún día a alguien, un alma gemela, cuyos sentimientos pudieran resonar con los suyos. Por supuesto, la joven ignoraba tanto las leyes de la reencarnación como ignoraba su propio futuro. No sabía, en medio de sus anhelos de niña-mujer, que debía enfrentar su pasado a través del reencuentro con un alma determinada, en cuya compañía debía aprender a amar.

Sus anhelos femeninos encontraron eco en el corazón de un hombre que, aunque algo mayor que ella, parecía comprender su alma sensible. Al menos así lo había demostrado en los pocos contactos que habían tenido.

Embriagada por la presencia masculina, se entregó con extrema sensibilidad a quien, a su juicio, era portador de su felicidad y depositario de sus esperanzas. La unión se efectuaba, administrada por el sacerdote del templo, según las leyes de su pueblo.

Desde los primeros momentos, luego de las fiestas conmemorativas, y más tarde, en las más íntimas tertulias, pudo notar que algo indefinible parecía nublar el corazón del hombre que la había elegido. Sin embargo, la fantasía de la pasión le impidió profundizar en sus observaciones, dejando transcurrir un tiempo precioso hasta que la deseada felicidad comenzó a disolverse en medio de la realidad. Día a día ese hombre exigía cosas y actitudes que desafiaban sus principios y su postura íntima. Sin embargo, la inseguridad que dominaba su ser, ante las posibilidades que la ley de Moisés abría para la mujer en aquel tiempo, la hizo ceder poco a poco.

La angustia se instala definitivamente en el alma de quien alberga el irrespeto a las convicciones íntimas. Traicionar los propios ideales, nobles por ser fruto de la conquista interior, es una elección dolorosa, que en casos extremos provoca insatisfacción con la vida y agotamiento del espíritu y del entusiasmo.

Sin embargo, lentamente, el hombre de sus sueños se convirtió en el emisario de sus pesadillas.

Ante las dificultades económicas que azotaban su tierra, que le parecían obstáculos insalvables, el autor de su desgracia la convenció de renunciar a su honor. Fue en este momento de locura espiritual que pudo descubrir el verdadero carácter de aquel con quien estaba unida.

No vio otra opción ante las constantes amenazas que el verdugo de su alma pronunciaba sobre ella. Se sintió obligada a compartir su cuerpo con quienes le ofrecieron monedas, preciosas para deleite del hombre que la había desposado. Se sintió angustiada y ansiosa; abatido y deshonrado; agraviada por la vida e impotente ante el yugo impuesto sobre ella.

Pasó el tiempo y la situación, a medida que se hacía más y más angustiosa, finalmente se volvió insoportable. El estilo de vida que se sintió obligada a llevar estropeó su apariencia que alguna vez fue suave y hermosa. Las marcas de los tormentos íntimos y de aquellos otros sufrimientos a que fue sometida, de carácter físico, pronto marcaron su rostro, dejando profundas arrugas en su cuerpo y alma. Su cuerpo ya no atrajo los intereses de los comerciantes de cuerpos, exploradores de almas.

El compañero al que había jurado lealtad eterna había sido el artífice de su desgracia. Se había convertido en el fantasma de una mujer.

La ley de Moisés, que gobernaba las relaciones sociales en Judea en ese momento, prescribía castigos severos para las mujeres que fueran sorprendidas en el acto de adulterio. Además, la misma ley, imperfecta, relevaba al hombre de los compromisos asumidos en el matrimonio si su pareja era sorprendida en tan mala postura. En base a esta realidad legalista, tan común en aquella época, se ideó el plan para que la angustiada mujer quedara expuesta a la vergüenza, pues ya no se prestaba a los fines inescrupulosos del hombre que la había desposado.

El calendario marcaba el final de las Fiestas de los Tabernáculos, también llamadas Fiestas de las Tiendas. Por eso Jerusalén regurgitaba con la gente, era, por tanto, el momento ideal para exponer a la mujer a la vergüenza ya los rigores de la ley. También en aquellos días sucedía algo más que podría haber contribuido a la desgracia de la mujer. Es porque, como muchos comentaron, el Mesías Nazareno estuvo, con sus discípulos, presente en la capital espiritual de Judea. Escribas y fariseos, sacerdotes y funcionarios romanos se reunieron ese día en un intento de obstruir los planes del Mesías y Maestro de los desfavorecidos. Exponer a la mujer por partida doble, a los rigores de los sacerdotes y al juicio del pretendido Mesías, era quizás la situación ideal que esperaba aquel hombre para, al mismo tiempo, liberarse del compromiso del matrimonio y ganarse el favor de los fariseos.

La mujer fue arrastrada entre la multitud, sujetada por los cabellos por aquel a quien había aprendido a amar:

¡Adúltera! - gritaron y se enfurecieron todos, amenazando a la desgraciada con tal ferocidad que la obligó a exponerse públicamente sin derecho a responder a las acusaciones.

Arrojada a los pies del Maestro, ante la mirada irónica de los escribas y fariseos, la infeliz mujer sintió que se acercaba el final. En tales casos, la ley requería que la adúltera fuera apedreada, es decir, apedreada hasta que la herida de la piel le causara la muerte. La furia de la multitud y la arrogancia de los escribas, fariseos y sacerdotes hacían estremecerse aquella alma, se conmovía interiormente, verdaderamente desesperada ante la perspectiva de tan atroz sufrimiento.

Fue en ese preciso momento que uno de los intérpretes de la ley, para probar la fidelidad de Jesús a lo que Moisés había escrito, decidió exponer al Nazareno ante la multitud: La ley determina que toda mujer sorprendida en adulterio debe ser lapidada. Y tú, que te haces llamar Maestro, ¿qué me recomiendas?

La artimaña de los adversarios de Jesús había llegado a su clímax. Si el Maestro liberaba a la mujer, estaría directamente en contra de la ley de Moisés y, por lo tanto, sería víctima de la multitud. Sin embargo, si estuviera a favor de la ley, permitiendo que la mujer fuera apedreada, estaría en profunda contradicción con sus propias enseñanzas, que recomendaban el perdón. Sus adversarios esperaban que en ese momento se debilitaría de un modo u otro, y entonces saldrían victoriosos contra la causa del Evangelio.

Conociendo la intimidad de sus pensamientos, Jesús se inclina ante la mujer. Intenta escribir, en el polvo de la calle, algunas palabras. De nuevo, uno de los opositores lo insta:

- Y tú, maestro - subraya con ironía el título -, ¿qué dices?

Levantando la mirada, que se encuentra con los ojos de la mujer, declara:

- El que de vosotros esté sin pecado, que tire la primera piedra.

Agachado, sigue escribiendo en el suelo. Uno por uno, los escribas y fariseos se acercan para leer lo que escribió. Allí, escrita en el polvo, estaba escrita la lista de errores personales de quienes querían apedrear a la mujer.

Lentamente, la multitud se dispersó. Sacerdotes, fariseos, escribas y también hombres, traspasados - ahora, por el remordimiento - se fueron alejando poco a poco.

En unos momentos, solo quedaron Jesús y la mujer.

Levanta la mirada lentamente, llena de lágrimas, enfrentándose, con las últimas reservas de su alma, a la mirada del Maestro. El miedo estaba escrito en todo su rostro.

- ¿Dónde están los que te condenaron?

- Se han ido, Señor... - tartamudeó la infeliz criatura, que se sentía así, como si fuera la última hija de Eva.

Después de intercambiar miradas, encontrarse con lo divino, la mujer intuye que nunca volverá a ser la misma.

- ¡No te condeno! - Dijo Jesús. Señor..." dibujó la mujer, dejándose derretir en lágrimas. Yo no quería...

- No te expliques, mujer. No hay razón para que te expliques. Se te da la oportunidad de reconstruir, de amar y de seguir adelante.

- Pero Señor...

- No te desgastes, hija mía - el Maestro vuelve a dar un paso al frente. - Id, aprended de la vida la lección divina y reconstruid vuestras experiencias y esperanzas bajo el signo del amor inmortal. No hay error que esté justificado, pero tampoco hay mal para el que no haya reparación. Ama, ama con la fuerza que te quede en el alma, y nadie te condenará.

Ese momento quedó grabado para siempre en la luz eterna. Un hito en la trayectoria de un alma; un faro para los futuros seguidores de la Buena Nueva.

Pasó el tiempo sobre aquellos hechos, y he aquí, años después, en una lejana ciudad griega, se levanta una casa. Una choza en el camino, regentada por una mujer transformada y renovada por el amor. Allí, bajo su tutela, los viajeros encontraban descanso para su difícil jornada, los niños eran sostenidos y los ancianos rescatados en nombre del amor.

Por la noche, reunidos en torno a la Virgen que los custodiaba, escuchaban la historia de un gran amor; extasiados, recibieron el néctar del Evangelio y comprendieron la propuesta del Maestro, expresada en la historia de aquel que quedó inmortalizado en las páginas del Evangelio como un alma descarriada, pero resucitada por el amor, que todo lo abraza y lo bendice.

He aquí, el tiempo, divino maestro, reserva sorpresas para los amantes de los caminos humanos.

Un día, el sol brillando aun en el horizonte, mientras la tarde caía en aquellas tierras griegas, otra alma errante llama a la puerta de la que se había convertido en madre de los necesitados. Confiada en las posibilidades que el Altísimo envía a quienes tienen corazón y ponen su amor y sus recursos al servicio de los demás, la madona, ahora marcada por el brillo que el Maestro había dejado en sus ojos, acoge ese viajero en la entrada. Los surcos de su rostro, adquiridos en el pasado, eran ahora las marcas de Cristo.

- ¡La paz sea con vosotros! - la mujer saluda a ese hombre agazapado que se presentó en el camino.

Transformado por la lepra, el hombre moría en sus últimos días, en el umbral de sus fuerzas, y parecía más arrastrar que caminar. Cada paso y cada movimiento le dolía. Con la cabeza gacha por el jorobado y por el esfuerzo que le había exigido el desplazamiento a ese refugio, finalmente levanta la vista en dirección a aquella voz que lo recibía. Balbucea palabras difíciles de entender y es inmediatamente recibido por la generosa dama.

En sus últimos días, el infeliz, deprimido y corroído por el pesar, se lamentó con quien le hizo compañía en su lecho de muerte. Las palabras salían de su boca con esfuerzo y contaban la historia de una mujer que este hombre había poseído una vez, a la que no había sabido querer. Esta, la causa de su remordimiento, de su amargura.

- ¡Vaya! Si un día pudiera encontrarme con ella, aunque sea una vez, para decirle cuánto me equivoqué, cuánto sufro con el recuerdo recurrente de aquellos días en Judea...

Una lágrima de genuina emoción corría por el rostro de quien ahora escuchaba la historia de su protegida, envuelta en lágrimas y lamentos. Lágrima de reconocimiento a la sabiduría del Padre, lágrima de agradecimiento, expresión de sensibilidad por el dolor de los demás. Lágrima de amor. Ese hombre nunca la reconocería, hasta los días de su muerte. Ella; sin embargo, lo había identificado desde el día que se presentó en la puerta de su choza. Él era el hombre que había sido la desgracia de su juventud. Ahora acogió a su exmarido bajo su techo.

Aquel que, un día, la había arrojado a los pies del Maestro de Nazaret y le había hecho conocer el amor, el amor que vino a la Tierra.

# 8 LA MUJER HEMORRIGANTE: LA SEÑORA DE LA FE

Una gran multitud lo siguió, aplastándolo. Cierta mujer, que hacía doce años que sangraba, había sufrido mucho a manos de varios médicos, y había gastado todo lo que tenía, pero sin aprovechar, al contrario, empeorando, al oír hablar de Jesús, vino por detrás, entre la multitud, y tocó su manto.

Ella dijo: Si tan solo toco su ropa, seré sana. Inmediatamente dejó de sangrar y sintió en su cuerpo que estaba curada del flagelo.

Jesús, sabiendo que el poder había salido de sí mismo, se volvió entre la multitud y preguntó: ¿Quién tocó mi ropa?

Los discípulos le respondieron: Ves que la multitud te aprieta, y dices: ¿Quién me ha tocado?

Pero miró a su alrededor para ver qué había hecho. Entonces la mujer, que sabía lo que le había sucedido, temblando y tremiendo, se acercó a él, se postró ante él y le declaró toda la verdad. Él le dijo: Hija, tu fe te ha salvado. Vete en paz, y sé sanada de tu mal.

Marcos 5:24-34

Su historia fue una historia de sufrimiento y pruebas. Desde la adolescencia se acostumbró a los frecuentes dolores que sentía y al malestar de su frágil salud.

Bajo la tutela de una dama abnegada, supo afrontar con valentía la ausencia de su madre, que años atrás había perdido la vida dejándola huérfana. El padre, hombre trabajador y honesto, se dedicó a su oficio, proporcionando así el sustento del hogar. Después del luto y la viudez, había contraído nuevo matrimonio, y la hija había sido adoptada por su madrastra como si fuera fruto de su propio vientre. Desde temprana edad, esa joven aprendió a usar el telar, haciendo hermosas piezas de tela. De lino puro tejió hermosas túnicas, que vendió para ayudar a su familia tanto como pudiera.

En una ocasión, el padre acabó perdiendo la vida, dando así la victoria a la enfermedad que lo consumía desde hacía mucho tiempo. Todo lo que le quedaba ahora eran las bendiciones de un matrimonio, que quería ser feliz.

Doncella, vio que sus sueños se desvanecían a medida que su salud se volvía más delicada. Se manifestó una extraña hemorragia que requirió mayores cuidados por parte de ella y su madrastra. Ya no podía trabajar como antes, lo que comprometía gravemente el presupuesto familiar. Se vieron entonces obligados a racionar los alimentos y adaptarse a una vida aun más austera que la simple vida cotidiana, despojada de los refinamientos que ya conocían. Los tiempos eran duros y la falta de una presencia masculina y paterna hizo que las cosas fueran muy delicadas, especialmente en la sociedad machista y patriarcal en la que vivían. La joven fue obligada a sacrificios extremos.

La extraña hemorragia también se convirtió en motivo de angustia, de pena. Según las leyes religiosas vigentes, que regían toda la vida social, las mujeres con flujo menstrual eran consideradas impuras. El hombre tenía prohibido incluso tocar a cualquier mujer en tales condiciones. En el caso de esa joven, la situación era aun más grave, ya que su flujo de sangre no se interrumpía. El tiempo había pasado lentamente, y la sangre fluía con más firmeza, acompañada de dolor.

El ser humano, por naturaleza, teme a lo desconocido. En una mezcla de fascinación que encanta y horror que asusta, lo desconocido suele exponer la fragilidad de los conceptos humanos. Lejano o sin una estrecha conexión con las leyes divinas, le aterra la posibilidad de entrar en contacto con lo que le quita su aparente seguridad y le hace enfrentarse a la desnuda realidad de las verdades espirituales. La mera mención de lo desconocido asusta, provoca temor, pavor y, según el grado de desequilibrio íntimo, pánico. Se esperan reacciones de violencia y brutalidad por parte del ser en la infancia del espíritu. De ahí las actitudes de prejuicio, discriminación y segregación, como si, desterrando lo desconocido o lo diferente, el hombre pudiera eximirse de ello. Víctimas de las más diversas enfermedades físicas o psíquicas, en las más variadas épocas y culturas, vivieron el rechazo y el repudio social y se enfrentaron al encarcelamiento en innumerables circunstancias.

Por la injerencia de amigos, la joven hemorrágica buscó durante mucho tiempo a los médicos de la época, sin lograr resultados.

Se consultó a los médicos, pero la ciencia o la sabiduría de la época no pudieron resolver este problema.

El infortunado compañero caminó por varias ciudades y pueblos: si había alguna información de la presencia de un médico o curandero aquí o allá, a donde fuera, allí estaba la joven. Todo en vano. Pasaron los años, y los intentos frustrados de ayuda y tratamiento agotaron el vigor de su juventud, dejándole solo la opción de la convivencia pacífica con la enfermedad y su amparo en la fe viva que alimentaba en su pecho.

Incluso ante tantos fracasos en el intento de curar, no se desanimó. Su vida se había convertido en un ejemplo de perseverancia y fe viva. Todavía abatida, la mujer no cedió a la enfermedad ni dejó de trabajar para ganarse la vida.

Se fue por la vida con el deseo apenas contenido de ser madre. Sus sueños de niña, y ahora, de mujer, aun no se podían realizar. La hemorragia persistió durante muchos años, como si lentamente drenara sus fuerzas vitales, poniendo a prueba su fortaleza espiritual. Ante el doloroso calvario, respondió como pudo con su entrega al trabajo y, ahora, con sumo cuidado por su segunda madre, por quien sonaban los lamentos del invierno de la existencia.

Nunca se rendiría. Lucharía tan duro como pudiera; haría su parte. Aunque durante tantos años no encontró una cura a través de la medicina humana, alimentó la idea que Dios pondría ante ella la opción que necesitaba para superar su enfermedad.

El ejemplo es de persistencia, de perseverancia, de esperanza. Cuando muchos se entregaban a la desesperación y al desánimo, ante enfermedades consideradas incurables, ella, aun consciente de las dificultades del momento, insistía en la búsqueda de una solución a sus males. Deseaba ardientemente superarse a sí misma y a sus propios límites. No se rindió a la depresión ni a la amargura.

Quizá ignorando aun ciertas leyes de la vida, de la reencarnación, no comprendió el lejano origen de sus males. ¿Quién sabe, en el pasado lejano, no habría atentado contra su propia vida o la de los demás, en un intento de abortar o en desprecio por la vida? Hay tantas posibilidades que no conviene, a la hora del dolor, buscar las razones del mal. Esto solo traerá más contratiempos.

Lo cierto es que esta valiente mujer transformó su vida en un digno ejemplo de trabajo y fe en el futuro.

El proceso que desencadenó su enfermedad, en un pasado lejano, perdió importancia frente a su fe en un futuro en el que su alma resplandecería, gracias a la fe viva que traía consigo.

Así pasaron 12 años, y la sombra de aquella mujer se arrastró por las calles de su ciudad, en la que se hizo conocida como la Señora de la Fe.

Había oído hablar de un tal Jesús de Galilea, hijo de José, y que él, el galileo, era profeta, enviado de Dios.

Su ánimo aumentó, y la fe, de simple llama vacilante, se transformó en claridad imperecedera, ante las nuevas perspectivas que se abrían ante la existencia.

Ya no tenía las fuerzas de su juventud, y la debilidad general dominaba su organismo físico, minando sus últimas reservas de vitalidad. Uno de los médicos consultados no recomendó mayores esfuerzos, ya que, según su conocimiento, no le quedaba mucho tiempo de vida.

¿Cómo afrontar la extraña situación? ¿Y este Jesús del que tanto hablaban? ¿No es su esperanza de días mejores?

Oró fervientemente al Dios de su país. Confiaba en que, tal vez, con solo escuchar las palabras del rabino encontraría la fuerza para soportar el momento crítico que se avecinaba. Ya casi se desmaya.

Sin embargo, a medida que su cuerpo se debilitaba, crecía su confianza en el futuro y la certeza que hilos invisibles la guiaban, conducían su destino. Caminaba por las calles pensativa cuando escuchó un murmullo que aumentaba lentamente. A lo lejos, vio que se acercaba una multitud. Su corazón latía con fuerza, y parecía que una extraña emoción se apoderaba de ella. Era tarde. La tarde de la historia sufriente de la humanidad.

El dolor actúa muchas veces como un gran impulso a la evolución de los seres. Deseando la felicidad plena, el hombre emprende recursos y lucha para vencer el dolor, ampliando los horizontes de la conciencia.

La multitud se acercaba más y más, envolviendo al rabino por todos lados. En un impulso de fe, la mujer se lanza en medio de la gente, tratando de abrir el camino para llegar al Maestro. Su camino es obstruido; sin embargo, por las personas que buscaban beneficiarse de la presencia de Jesús. No pudo romper el cerco de la gente que seguía al Señor.

Su fe; sin embargo, alcanzó fuerzas desconocidas para la multitud. El corazón del creyente camina mucho más lejos que sus pies. Un nuevo impulso lleva a la mujer hemorrágica hacia su meta. "No soy digno de tu mirada" - pensó. "Sin embargo, sé que emana poder, fuerza curativa." En este momento, el aura del Maestro se expande y su pensamiento está en sintonía con el pensamiento de la mujer enferma. Continúa sus pasos sin ignorar sus necesidades.

Se acerca cansada, angustiada, llena de esperanza y movida por una fe intensa. En un momento dado, la multitud le cede el paso, y ella trata a toda costa de alcanzar al profeta galileo.

Solo un minuto la separa de su meta. La hemorragia, en este mismo momento, pareció aumentar en intensidad; drenándose en sangre, se lanzó hacia el Maestro, reuniendo todo el resto de la fuerza que poseía en un esfuerzo hercúleo. Solo puede tocar su ropa.

Eso es suficiente. Inmediatamente la virtud del Señor se canaliza hacia ella y una ola de vitalidad recorre su ser.

El magnetismo divino reestructura órganos y células y reequilibra el cuerpo y el alma de la criatura atormentada. Hace una pausa por un momento, pensativa. Solo por un momento. Regresa en sí mismo y hace silencio en su alma.

El Maestro, deteniendo sus pasos, conferencia con sus seguidores más cercanos:

- Siento que alguien me tocó.

- Pero, Señor, son tantos los que te tocan en medio de esta multitud... - responden los discípulos, sin entender las palabras del Maestro.

- Sí, pero alguien me tocó de una manera especial. Siento que una virtud ha salido de mí.

Jesús, volviéndose hacia la mujer, la mira.

En este momento parece haberse realizado el matrimonio del Cielo y la Tierra. Nadie puede resistirse a la mirada dulce y tierna de Jesús.

En esa mirada, el Nazareno penetra en su alma y escruta su corazón. Es el momento de la verdad. La verdad que nunca podría ser declarada; en cambio, vivió.

- "¡Mujer, tu fe te ha salvado!" - son las palabras pronunciadas por el Señor.

Ese había sido el momento de la redención para aquella alma valiente. Su vida inmaculada, su fe ardiente y su conformidad a la voluntad del Eterno la hicieron merecedora de las bendiciones divinas. Donde la medicina humana había fallado, por limitada, la ciencia divina manifestó todo su poder, y el embajador de las estrellas, el médico divino de las almas, se mostró soberano sobre los problemas humanos. La hemorragia había cedido ante la acción del amor. La prueba de la mujer había terminado y allí, en el encuentro con Jesús, había comenzado una nueva etapa para aquella alma que había puesto a prueba su fe, llena de esperanza, en la fuente divina de todo bien. Fue la victoria de la luz.

El tiempo pasó lentamente. El escenario era ahora un pequeño pueblo, un pueblo samaritano. Se podía ver un zumbido a lo lejos, algunas personas involucrando una simple figura de una madona. El lugar, un pequeño albergue construido a la orilla de un arroyo, con un pequeño campo de flores que floreció hermosamente, como expresión de la bondad soberana.

La valiente mujer había fundado un albergue que ayudaría a huérfanos de cualquier origen. En nombre del amor, ministró los conceptos de vida y luz a aquellas almas en prueba. El encuentro con Jesús, años atrás, había transformado su vida de tal manera que la fuerza del amor contenida en su ser estallaba en obras de caridad y benevolencia, dondequiera que iba.

Nadie permanece igual después de conocer a Jesús. Todos los que pasaban, jóvenes, viejos y niños, encontraban siempre un plato de sopa y un mendrugo de pan para saciar el hambre. Al enseñar a las doncellas a manejar el telar, proporcionó recursos para el mantenimiento de los hogares de los necesitados. Allí, bajo la sombra de un hermoso árbol, escucharon de boca de la noble señora la antigua y feliz historia de un hombre llamado Jesús.

En los remotos tiempos de Palestina, cuando el soldado romano pisaba Judea, desplegando sus estandartes con las águilas del imperio divino, las dificultades y dolores eran semejantes a los de hoy.

Al encontrarse con Jesús, la mujer hemorrágica había atravesado años de luchas y dificultades, que le sirvieron como instrumento de crecimiento íntimo. La persistencia de su espíritu en la prueba quedó grabada para siempre en las páginas del Evangelio. A pesar del dolor y sufrimiento que la aquejaba, la mujer del flujo de abundante sangre no desistió de buscar ayuda para solucionar sus dificultades.

Entendiendo la enfermedad como un desafío a las fuerzas de su alma, continuó trabajando, sirviendo y amando, superando su propio dolor en total entrega íntima, hasta el punto culminante, en el encuentro con el Maestro.

Aun así, decidido a encontrarse con el médico divino, fue difícil desafiar tanto las costumbres de la época como a los más cercanos seguidores de Jesús, portadores de inmensos prejuicios. Lanzándose a los pies del Maestro con el último aliento que le quedaba en su alma debilitada, mueve por sí misma los recursos terapéuticos disponibles en el universo.

El compromiso, el coraje de continuar y la persistencia en la búsqueda de una cura formaron la fuerza que la preparó para el futuro, cuando abrazaría un trabajo que marcaría la historia de muchos de sus tiempos durante años. Vidas como la de esta mujer, inspiradas en los valores del espíritu, fueron inmortalizadas para que sirvan de ejemplo a la posteridad, para que, ante los obstáculos y desafíos, sigamos nosotros mismos en la certeza de la victoria.

# 9 LA MUJER SAMARITANA: EL CÁNTARO VACÍO

Allí estaba el pozo de Jacob, y Jesús, cansado del camino, se sentó junto al pozo. Era casi la hora sexta. Cuando una mujer samaritana vino a sacar agua, Jesús le dijo: Dame de beber - Sus discípulos habían ido al pueblo a comprar comida.

La mujer samaritana le dijo:

- ¿Cómo, siendo judío, me pides de beber a mí, que soy mujer samaritana? - Porque los judíos no se llevaban bien con los samaritanos.

Jesús le respondió:

- Si conocieras el don de Dios, y quién es el que te pide, Dame de beber, tú le habrías pedido, y él te habría dado agua viva.

La mujer le dijo:

- Señor, no tienes con qué sacarla, y el pozo es hondo. ¿Dónde tienes el agua viva? ¿Eres tú mayor que nuestro padre Jacob, que nos dio el pozo del que bebió él, sus hijos y su ganado?

Respondió Jesús:

- Todo el que beba de esta agua volverá a tener sed, pero el que beba del agua que yo le doy, no volverá a tener sed. De hecho, el agua que yo le daré se convertirá en él en una fuente de agua que brota para vida eterna.

La mujer le dijo:

- Señor, dame de esta agua, para que no tenga más sed, ni tenga necesidad de venir aquí a sacarla.

Jesús le dijo:

- Ve, llama a tu marido y ven acá.

Ella respondió:

- No tengo marido.

Jesús le dijo:

- Tienes razón en decir que no tienes marido, porque ya has tenido cinco maridos, y el que tienes ahora no es tu marido. Esto lo dijiste con verdad.

La mujer le dijo:

- Señor, veo que eres profeta. Nuestros padres adoraron en este monte, pero vosotros los judíos decís que Jerusalén es el lugar donde se debe adorar.

Jesús le dijo:

- Mujer, créeme, la hora viene cuando no adorarás al Padre en este monte ni en Jerusalén. Vosotros los samaritanos adoráis lo que no conocéis; adoramos lo que conocemos, porque la salvación viene de los judíos. Pero se acerca la hora, y ahora es, cuando los verdaderos adoradores adorarán al Padre en espíritu y en verdad, porque el Padre busca a los tales para que lo adoren.

Dios es espíritu, y los que lo adoran, en espíritu y en verdad es necesario que lo adoren.

La mujer le dijo:

Yo sé que el Mesías - llamado Cristo - viene. Cuando venga, nos explicará todo.

Jesús le dijo:

- Yo soy el que te habla.

En ese momento llegaron sus discípulos, y se asombraron de encontrarlo hablando con una mujer. Pero ninguno de ellos preguntó: ¿Qué quieres? O: ¿Por qué hablas con ella?

Entonces, dejando su cántaro, la mujer se fue a la ciudad y dijo a la gente: Venid, ved a un hombre que me ha contado todo lo que he hecho. ¿Podría ser este el Cristo?

Salieron de la ciudad y fueron a él.

Juan 4:6-30

Había un canto extraño en el aire. Su voz era como la voz de las hijas de Sion. Melodiosa, suave, tierna. La música cantada era más como el susurro de las almas que sufren frente a los problemas de cualquier origen. Sonaba como un lamento, acompañado del trinar de los pájaros que, ese día, parecían celebrar la vida, revoloteando ya como con la voz de la mujer, que se atrevía a pensar en la felicidad.

No se puede decir que la vida en esos campos fuera exactamente diferente de las experiencias en otros lugares. ¡No! dificultades y las pruebas forman parte de la morada de los hombres, que deben aprender a templar su vida con franqueza y amor. De esta manera, podrán suavizar las pruebas por las que pasan.

La mujer, cantando con los pájaros y la naturaleza, llevaba bajo el brazo un cántaro vacío, para llenarlo con el agua bendita que brotaba del pozo que lleva el nombre del patriarca Jacob. El lanzador era sinónimo de su propia experiencia, de su corazón.

Mientras cantaba, recordaba su pasado reciente, sus aventuras por los torcidos caminos de la existencia. La historia de esa mujer no era tan diferente. La música que cantó sirvió de fondo para los recuerdos que quemaron su memoria espiritual. Sube la colina de las dificultades.

Desde temprana edad había buscado la felicidad en los brazos del amor, pero por caminos difíciles y tortuosos. Deformó el templo sagrado de su espíritu, dividiéndose, ahora aquí, ahora allá, con los hombres con los que compartió su vida.

Fueron muchas las experiencias que había vivido; sin embargo, algo indefinible permanecía dentro de ella. Era una vaga sensación de inconformidad y vacío. Su vida era como ese cántaro vacío que llevaba bajo los brazos.

En el pueblo de Samaria, se la conocía como la mujer de muchos rostros. Es solo que ella cambió sus experiencias amorosas tan fácilmente como se cambiaba de ropa. Sus compañeros, después de un tiempo, la abandonaron bajo diversos pretextos, dejándola presa de la nostalgia por una vida sin propósito. Su alma se sentía seca. Estaba sedienta. No la sed de agua, que todos tenían. Sin embargo, ya había tenido suficiente de las experiencias fallidas. Estaba buscando algo que no podía definir por sí misma. El actual compañero había llegado a su presencia dejando una familia establecida, la cual había intercambiado por ella. Esto no era felicidad, pensó. ¿De qué le serviría intentar construir su felicidad a partir de la desgracia ajena?

Ella continuó su viaje reflexivo. Cantó una de las canciones tristes de su país. La naturaleza había tocado profundamente su alma, sensibilizando su ser. Ese momento de meditación sería el abono de su alma para la siembra del futuro. No tenía idea que la ansiada felicidad tocaba a las puertas de su corazón. Como todos los seres humanos, ella también quería ser feliz. Tenía sed de vivir en plenitud. Anhelaba algo para llenar el vacío existencial.

Pensando así, fue al pozo de Jacob. Iría a buscar agua para las necesidades diarias. Mientras se acercaba, vio que algunos hombres también salían del pozo. Parecían judíos.

No sabía cómo comportarse en presencia de los judíos. Eran de diferente cultura y, a pesar que sus ciudades estaban tan cerca, hubo una determinación en ese momento que prohibía a los habitantes de las ciudades samaritanas tener conversaciones con judíos. La historia había separado a naciones hermanas, que permanecían aisladas gracias a los prejuicios y a la voluntad general de acatar las costumbres y tradiciones.

Apresuró sus pasos para llegar primero al pozo, antes que esos hombres pudieran alcanzarlo, y partió poco después de haber llenado su cántaro. Pero... Siempre hay un "pero" en la historia de todos los tiempos, de todos los hombres, de cualquier lugar. Un sentimiento de repente se apoderó de su corazón. Ella no sabía que entre aquellos hombres estaba el Hijo del Hombre. El embajador de la esperanza también se dirigía al pozo. Su aura había tocado la intimidad de aquella mujer, produciendo un bienestar sorprendente. El corazón de la mujer latía con fuerza. ¿Por qué este extraño misterio estaba tan alterado en su organismo? Sus pensamientos parecían hervir, como si algo la hubiera penetrado íntimamente, arrancando extraños recuerdos de su ser. La música se apagó de sus labios y escuchó otra música, más sublime y elevada. Los pájaros volaban felices, mientras la naturaleza parecía brillar a su alrededor. Todo se disponía a recibir la fecundación de la vida.

Los hombres se acercaron al pozo del patriarca hebreo, encontrando desconcertada a la mujer, que llenaba su cántaro. Ella no sabía lo que le había pasado. Sin embargo, este fue un momento único en la historia de su viaje a través de los siglos. Inesperadamente, uno de los hombres le habló, en contra de la costumbre de judíos y samaritanos:

- ¡Mujer! - Él empezó.

Ella se estremeció. Su corazón latía con fuerza, mientras gotas de sudor corrían por su rostro.

- "Mujer, dame de beber esta agua", dijo el extraño judío, sin dudarlo.

Se atrevió a levantar la mirada hacia el hombre, el Hijo del Hombre.

Era joven; el pelo rizado le caía sobre los hombros. Los ojos almendrados reflejaban la bondad y el brillo de los soles. Sus labios entreabiertos parecían susurrar himnos extraños, que no podía repetir.

- "Pero, Señor..." La voz de la mujer se ahogó por la emoción que se apoderó de ella.

- ¡Mujer! repitió amablemente. - Tengo sed, dame esta agua de beber.

Por un momento, un extraño silencio se sintió en toda la naturaleza. ¿Cómo podría Él, la fuente de agua viva, tener sed? ¿Cómo podía sentirse reseca el agua viva en su boca?

- ¡Mujer, dame esta agua de beber!

La voz de ese hombre aun resonaba en sus tímpanos cuando sintió que su mirada desgarraba su alma, realizando una cirugía en su corazón desgarrado.

- Señor, ¿cómo puedes tú, siendo judío, pedirme agua a mí, que soy samaritana?

Es solo que el amor no conoce fronteras. Cargos, títulos, jerarquías y nacionalidades pierden importancia frente a la figura del amor.

- ¡Vaya! ¡Mujer, mujer! Ojalá me conocieras... Era lo divino en busca de lo humano. Si el hombre conociera el amor, ciertamente no se perdería entre las vueltas del camino. Su alma encontraría la saciedad.

- Si me hubieras conocido, tú misma me lo habrías pedido, y yo te habría dado agua que, si la tomabas, nunca más volverías a tener sed.

- ¡Señor! - Tartamudeó la mujer. "Dame esa agua divina entonces..."

- De cierto, de cierto os digo, que el que bebiere del agua que yo le daré, brotarán de su interior ríos de agua viva, y no tendrá sed jamás.

La voz del Maestro resonó a través de los prados. Detrás del velo que separa la realidad de la vida, los mensajeros de la luz iban y venían, realizando en el espacio una apoteosis de la luz, la danza del amor, brindando por la nueva era que se instauraba.

Sin barreras, sin sacerdotes ni templos de piedra, la nueva religión del amor se instauró en el templo del corazón, teniendo como altar la propia naturaleza, que en la celebración recibía las vibraciones de la voz del Rabino, la Palabra de Dios.

Con un estremecimiento, la mujer dejó caer el cántaro, que ya no satisfacía sus necesidades, y se abrió enteramente para recibir el agua viva que transformaría su destino por toda la eternidad.

La grandeza y solemnidad de esa hora solo puede ser comprendida por quienes la vivieron. Es imposible que el vocabulario humano describa las escenas de belleza inmortal que tuvieron lugar en las tierras del Jordán, Cafarnaúm, Betsaida, Samaria o Judá.

En presencia del amor, la mujer de Samaria se encontró derrotada. Su espíritu cayó ante los torrentes de agua viva que se derramaron en su alma, y a partir de ese momento la humanidad pudo conocer la fuerza viva de la fe, que, a través de aquella mujer, irradió al mundo. Primero entre los samaritanos y, después, en esa misma vida y en muchas otras vidas, fue su sublime ejemplo el que tocó el corazón de muchos pueblos, porque quedó inmortalizado en las sublimes páginas del Evangelio del Señor.

Heroína de la fe y de la virtud, después del encuentro con el Maestro, recobró fuerzas y derramó su corazón en una donación plena de amor, en un himno de exaltación a la fuente fecunda e infinita del amor de Jesús.

Ante las transformaciones que sufriría el mundo, las palabras de Jesús, hace dos mil años, en los pasajes de Judea, representan un hito y un incentivo para el progreso humano. El mensaje incrustado en la historia de la mujer samaritana es el llamado a la inclusión.

Víctima de discriminación religiosa y social, segregada por los dueños de la religión y los nacionalistas de su tiempo, representantes del poder temporal, la samaritana vivió momentos interesantes, decisivos e importantes para todos los que buscamos en su experiencia la inspiración para las experiencias que vivimos. Los prejuicios generaron la segregación, el gueto, la dificultad de integración. Samaria trajo a la historia el retrato de una época. Ni siquiera había un terreno común entre las costumbres sociales samaritanas y judías. El retrato de la anarquía fue el más cercano como el judío podía dibujar acerca de sus hermanos samaritanos. Los samaritanos fueron rechazados, expulsados de la convivencia social con sus hermanos en genealogía, los judíos, pero ambos pueblos aun conservaban la fe en el mismo Dios y Señor.

Al inmortalizar el mensaje de la mujer samaritana en las páginas del Evangelio, el Maestro quiso dejar claro a la posteridad que Él, el rabino de todos nosotros, traía un mensaje inclusivo. El Evangelio es inclusivo Jesús siempre desafió los prejuicios y el *statu quo*, invitando a cenar con el Padre a quienes horrorizaban a los mismos apóstoles. De la mujer samaritana al gadareno indemnizado; desde María de Magdala hasta Zaqueo el publicano, Jesús fraternizó siempre con los marginados de la sociedad judía.

Al abrir las puertas al diálogo, la convivencia y la reintegración social y espiritual con el pueblo de Samaria, Jesús quiso hacer transparente la posibilidad de vivir con las diferencias.

## LA INCLUSIÓN

No hacía falta entonces - como la hay hoy - la necesidad de diferenciar, separar o rechazar a quienes piensan, actúan o se comportan de manera diferente a la nuestra. El mensaje de inclusión es uno de claridad de diamante. No hay manera de segregar; no hay forma de exaltar las diferencias, muchas veces creadas y mantenidas por el desconocimiento de las leyes de la naturaleza.

Jesús, sabiamente, ya sentó las bases claras e imperecederas de la política divina. Ya, hace dos mil años, llegó el momento de la inclusión.

La mujer samaritana, símbolo de la reintegración y de la promoción de los valores humanos por encima de las diferencias, aun hoy, en pleno siglo XXI, sigue siendo de extrema actualidad y emerge de las páginas del Evangelio como un llamado a los modernos seguidores de Jesús.

# 10 MARÍA DE NAZARET

En el sexto mes el ángel Gabriel fue enviado por Dios a una ciudad de Galilea llamada Nazaret, a una virgen desposada con un varón que se llamaba José, de la casa de David. El nombre de la virgen era María. Entrando el ángel donde estaba ella, dijo:

- ¡Salve, bendita! El Señor está contigo. Bendita tú entre las mujeres.

Sin embargo, estaba muy perturbada por estas palabras, y consideró cuál sería ese saludo.

Entonces dijo el ángel:

- María, no temas, has hallado gracia delante de Dios. Concebirás y darás a luz un hijo, y le pondrás por nombre Jesús. Este será grande, y será llamado Hijo del Altísimo. El Señor Dios le dará el trono de David su padre. Reinará sobre la casa de Jacob para siempre, y su reinado no tendrá fin.

María dijo al ángel:

- ¿Cómo se puede hacer esto, si no he conocido ningún hombre?

El ángel le dijo:

- El Espíritu Santo vendrá sobre ti, y el poder del Altísimo te cubrirá con su sombra. Por tanto, el ser santo que nacerá de ti será llamado Hijo de Dios. Incluso tu prima Isabel concibió un hijo en su vejez, siendo este el sexto mes para ella que era considerada estéril. Porque para Dios nada es imposible.

Entonces María dijo:

- Yo soy la sierva del Señor. Cúmplase en mí según tu palabra.

Lucas 1:26-38

Cuando Isabel escuchó el saludo de María, el niño saltó en su vientre, e Isabel se llenó del Espíritu Santo.

Gritó a gran voz: Bendita tú entre las mujeres, y bendito el fruto de tu vientre. ¿De dónde viene que la madre de mi Señor viene a visitarme? (...)

María dijo: Engrandece mi alma al Señor, y mi espíritu se regocija en Dios mi Salvador, porque ha mirado la bajeza de su esclava. Desde ahora me llamarán bienaventurada todas las generaciones, porque el Poderoso ha hecho grandes cosas por mí.

Lucas 1:41-43, 46-49

Ella era una estrella. Quizás una estrella perdida en las constelaciones del cielo. Perdida, sí, porque su amor irradió hacia infinitos mundos, no permitiéndole quedarse quieta, fija, en la inercia. Era una estrella errante que tenía su morada entre las estrellas de la inmensidad. ¿De dónde vendría esta estrella, cayendo, misterioso? ¿De qué espacios, universos o dimensiones vendría la estrella virginal? No importa. Quizá de Sirio, Canopo o Aldebarán, de cualquier parte; de todas partes, de todos los tiempos. Tenía en su rostro la suavidad de la luz de la luna y la

75

belleza del amanecer. Se vistió con un esplendoroso manto estrellado y descendió a la morada de los hombres. El firmamento le tejió una corona de luz y adornó su frente con el velo de la Vía Láctea.

La naturaleza allanó su camino tejiendo una alfombra de flores; el aroma de rosas, acacias y lirios perfumaba su existencia, y de ese aroma indescriptible, inexpresable en el lenguaje humano, se formó su cuerpo, con el que se reunió con los hijos del destierro.

Y ella llegó. Arrullada por el canto de los ruiseñores, sus palabras recordaban el canto de las tórtolas y el canto de los gorriones. La estrella tomó residencia en el corazón de la humanidad.

Es María. Simplemente María. Su vida se convirtió en símbolo de ternura y esperanza para los desheredados. Sus pies caminaron sobre las espinas de los rosales y sangraron al contacto de los caminos torcidos y difíciles de los hijos de la Tierra.

Dejó una huella imborrable en la vida de mujeres de todos los orígenes, de todos los pueblos. En su persona, la mujer alcanzó las estrellas y, a través de su santísima maternidad, divinizó la expresión de una madre.

Sostenida por ruiseñores y pájaros cantores, desgarró la sombra de la amargura y tejió el manto blanco y puro del camino doloroso de todas las madres de la Tierra.

Estrella, salió entre las sombras y tinieblas de las vidas sufridas, para que el hombre no se sintiera humillado ante la grandeza de su alma.

Ella experimentó el esfuerzo sin precedentes de ser la madre de los pecadores, para conducir al hombre terrenal por el camino de las estrellas.

Es María. Simplemente María.

## MARÍA CONSCIENTE

La vida de todos los hombres estaba vacía de elementos superiores. El hombre terrenal tenía hambre de Dios y sed de su misericordia. En todas las naciones de la Tierra, el clamor de las multitudes, la desesperación de los pueblos. La idea de Dios y su poder carecía de mayor elaboración, de la fuerza moral del ejemplo.

Es dentro de esta necesidad que también se preparó el camino para la encarnación del Verbo Divino. Jesús, el divino avatar de todos los tiempos, asumió la forma espiritual de los hijos de los hombres hasta que, a su debido tiempo, tal como estaba previsto en el gran plan cósmico, asumió definitivamente la naturaleza humana, por la santísima maternidad de María de Nazaret.

Espíritus superiores, provenientes de esferas luminosas de vida inmortal, bajaron su vibración para ser percibidos por los mortales. Anunciaban la venida del Salvador, el que llevaría a cabo los planes de Dios para el hombre terrenal.

María de Nazaret, espíritu virgen, ya experimentada en variadas y varias encarnaciones, aceptó el mandato sublime de ser la madre del Señor del mundo. Espíritu milenario, que desarrolló en grado superlativo el sentimiento y la ternura, asumió la condición de madre del Señor para preparar sus pasos en su misión de amor.

Tampoco se eligió a cualquier mujer, espíritu para acoger al Salvador. María de Nazaret, así como José, fueron los elegidos del Señor por las experiencias vividas a lo largo de los siglos, en otros mundos.

Provenientes de otras constelaciones, sus espíritus experimentados entraron en contacto con las esferas de la humanidad, manteniendo la conciencia de su tarea.

María, desarrollando el sentimiento y la dulzura, aliadas a la íntima conciencia de su tarea, llevó a cabo su misión según el pensamiento sublime de los espíritus superiores. Los primeros pasos del Maestro por los caminos del mundo fueron apoyados por el esfuerzo de la dulce niña de Nazaret. Su amor y entrega a los principios superiores la prepararon para la importante tarea de ser la dulce madre de Jesús. Cuando decidió casarse con José, María ya era consciente de su sublime misión. Su sensibilidad natural la puso constantemente en contacto con las esferas invisibles. Espíritus superiores la guiaron desde la infancia, con miras a su misión de amor. Entraba en contacto con espíritus sublimes con la facilidad con que hablaba a la gente sencilla de su tierra. La mediumnidad era un don natural para ella.

Por la noche, cuando dormía, su espíritu redimido se liberaba de los límites vibratorios del cuerpo físico y se elevaba a las alturas de las dimensiones espirituales. Estaba embriagada a la luz de la luz de Cristo.

Estaba orientada, en esos momentos, en cuanto a la naturaleza de su tarea.

Gabriel, nombre con el que se dio a conocer al alto mentor espiritual de María de Nazaret, buscaba constantemente involucrarla en sus más dulces vibraciones.

Como madre del redentor del mundo, María llevó a cabo su misión con extrema dignidad, siendo reconocida a lo largo de los siglos como la madre santísima del Señor.

Ahora, en el plano inmortal, su sublime espíritu asiste al Maestro en el trabajo de conciencia de las almas. Ninguna decisión sobre los destinos de la Tierra se toma sin el consejo maternal de María. De su luminoso corazón parten los rayos de misericordia que iluminan la noche triste de los espíritus dolientes del planeta. Junto con Jesús, su alma elevada administra las manifestaciones de la misericordia al corazón de los hombres.

# 11 LA VIUDA DE NAÍM

Poco después, Jesús fue a una ciudad llamada Naín, y muchos de sus discípulos y una gran multitud iban con él.

Cuando llegó cerca de la puerta de la ciudad, traían un hombre muerto, el único hijo de su madre, que era viuda. Y con ella iba una gran multitud de la ciudad. Al verla, el Señor sintió gran compasión por ella y le dijo: No llores.

Cuando se acercó, tocó el féretro, y deteniendo a los que lo llevaban, dijo: "Joven, a ti te digo: levántate.

El muerto se sentó y comenzó a hablar, y Jesús se lo dio a su madre.

El temor se apoderó de todos ellos, y glorificaban a Dios, diciendo: Un gran profeta se ha levantado entre nosotros, y Dios ha visitado a su pueblo. Esta fama se extendió sobre él por toda Judea, y por toda la región circundante.

Lucas 7:11-17


Desde sus primeros años había aprendido la lección del trabajo de sus padres. Las dificultades de ese tiempo no fueron diferentes a las angustias y problemas de todos los tiempos.

Desde temprana edad había luchado para asegurar su propia supervivencia. Las tribulaciones de su vida forjaron el carácter recto y honesto que caracterizó su existencia. Había aprendido todo lo que podía las nociones de la Ley y solo no hizo más por la necesidad de dedicarse a las tareas del hogar y al sustento de su familia. Todavía era joven y las experiencias de la vida la habían llevado a un envejecimiento prematuro.

Con la peste, que arrasó muchos hogares, había perdido a toda su familia. Solo tenía un primo de parentesco lejano, de cuyo paradero no estaba seguro.

Incluso en ese momento, sus caminos se cruzaron con los de un joven que la había cortejado. Ella se enamoró de él, y pronto se casarían. Su vida siguió distinguiéndose por su trabajo, ahora con miras a ayudar a su esposo, quien con el tiempo comenzó a explorar su juventud sufrida y desgastada, que las vivencias y las inclemencias del tiempo de los años se encargaron de cerrar.

De la unión matrimonial le nació un hermoso niño, que calmó los días tormentosos de su vida. Era la esperanza de días mejores; era la flor que renacía en el pantano de su existencia, prometiendo bienaventuranza a su espíritu doliente y fatigado.

El mundo no comprende la grandeza de las almas que sirven en el anonimato. Muchos seres aureolados de luz se esconden bajo las frágiles vestiduras del corazón materno, para, en silencio y al servicio del amor anónimo, promover y alentar el progreso o, incluso simplemente, transmitir una simple lección de amor.

El niño que había nacido era su esperanza para el futuro. La fe de Dios que se había hecho visible y palpable en su vida.

Su marido a los pocos años abandonó el hogar en busca de aventuras, dejándole la responsabilidad de la educación de su hijo. Más tarde, llegaría a su conocimiento que su antiguo compañero había perdido la vida en Samaria, en una disputa por nimiedades cotidianas.

Ana - así se llamaba - continuó a lo largo de los años junto a su amado hijo, en el trabajo que la vida y la necesidad siempre le habían impuesto.

Naín era una ciudad donde era difícil sobrevivir. Ana no se sentía cómoda casándose nuevamente, pues, a pesar de estar lejos del ocaso de su existencia, el peso de las poco más de tres décadas que había vivido era una gran carga sobre sus hombros. Los años le habían robado la frescura de la juventud, y su salud exigía cada vez más cuidados. Además, su querido hijo se había puesto cada vez más sensible, y una enfermedad desconocida amenazó su vida en varias ocasiones.

Ana trabajaba para las familias más adineradas, y lo poco que ganaba se destinaba a cubrir los gastos de salud o el alquiler de la pequeña casa que la albergaba a ella y a su amado hijo.

Las dificultades en cualquier época son elementos preciosos en la economía espiritual. Su objetivo es desarrollar habilidades y promover el despertar de la conciencia, que de otro modo permanecería latente indefinidamente.

Ana escuchó la noticia que la ciudad había sido visitada por el profeta de Dios. Un joven que, por todo lo que se decía de él, representaba la esperanza del pueblo, de la nación. ¿Tal vez, quién sabe? - podría algún día conocerlo y, a través de sus enseñanzas y profecías, rehacer su alma rota, bebiendo de la fuente sublime de la Verdad. Después de todo, así debe ser, como decían, el profeta de Dios.

Esperaba ansiosamente el momento del encuentro, y su alma, en cierto modo, intuía que tal acontecimiento pronto se produciría. Algo diferente, un sentimiento indefinible la invadió al pensar en el extraño profeta de Galilea.

Su hijo, debido a lo delicado de su salud, se encontró en estado cataléptico. Ante la ignorancia de la época, pensó que la muerte le había quitado la vida a su pupilo del corazón, el sostén de su alma. ¿Cómo sería su vida a partir de entonces? Su único hijo, la esperanza de su vida, lo había abandonado. La desesperación trató de apoderarse de su espíritu, y había dado paso a la angustia, que estaba acabando con sus últimas reservas de energía.

La muerte física pone al hombre cara a cara con la realidad de la vida. Ante la muerte de sus seres queridos y la posibilidad concreta de morir, todos son llevados a reflexionar sobre el valor de la vida. En la etapa en que se encuentra la humanidad, todavía se necesita el sentido dualista de la vida. La muerte y la vida son pasos necesarios para aprender y despertar el amor que vibra en todo.

Ana, como madre, quiso en ese momento su propia muerte a cambio de la vida de su hijo. Pero todavía había una esperanza, a la que se aferró con todas las fuerzas de las que era capaz. ¿Quién sabe, el profeta?

Sin embargo, no hubo más tiempo. Los requisitos de la Ley determinaban que el cuerpo fuera sepultado, pues ya había pasado el tiempo prescrito por la determinación de Moisés. Era el atardecer de una vida. El final de la esperanza. Pero ¿qué pasa con el profeta de Dios, el hombre de Galilea?

A pesar del dolor de la pérdida, rezaba interiormente mientras el cuerpo del hijo era llevado por las calles de Naín. Los curiosos siguieron el ataúd, sin encontrar nada más interesante que hacer.

Al otro lado, otra multitud. Acompañaban a un hombre que decían era el representante de Dios, el Mesías tan esperado por el pueblo hebreo.

La esperanza se reaviva en el pecho de una madre. Rezaba más, más intensamente, tratando a toda costa de desterrar la desesperación de su alma doliente.

Cuando se acercó era tarde. Era en verdad la tarde de las almas de los hombres. Él se detuvo. Y, mirando los rostros marcados de aquella mujer, percibió, en el fondo de su alma, el sufrimiento de toda la humanidad, víctima de la ignorancia de las leyes de la vida. Luego miró el cuerpo tieso, que era llevado por las manos del pueblo, y vio allí que el espíritu inmortal aun no había abandonado su vestidura de carne. El muchacho aun estaba vivo. Solo estaba en un estado de sonambulismo, cuando el espíritu, separado del cuerpo, pero aun unido a él, reduce las funciones orgánicas al mínimo. Pero tal hecho que la gente no podía entender todavía. Era un pueblo joven, espíritus inexpertos. Con el tiempo entenderían las leyes de la vida. Por ahora, ante el sufrimiento y el dolor, no tendría sentido explicar. El cerebro se nubla ante la desesperación. Es necesario actuar, y actuar con sabiduría espiritual.

Envolviendo el cuerpo del muchacho con los sagrados efluvios de su amor, hizo volver al espíritu, que pronto se apoderó de lo físico. Demostrando el poder del amor, devolvió la vida al joven en los brazos de su madre.

Era la victoria de la vida, en presencia del amor.

# PARTE III
## OTROS PERSONAJES

# 12 LA CURA DEL PARALÍTICO

Unos días después entró de nuevo en Cafarnaúm y supo que estaba en casa. Pronto se juntaron tantos, que ni siquiera los asientos junto a la puerta cabían, y les predicó la palabra. Llegaron a él llevando un paralítico, traído por cuatro hombres, y no pudiendo acercarse a él por la multitud, descubrieron el techo donde estaba y, haciendo un hueco, bajaron la cama donde yacía el enfermo.

Jesús, viendo la fe de ellos, dijo al paralítico:

- Hijo, tus pecados te son perdonados.

Algunos de los escribas estaban allí sentados, pensando en sus corazones: ¿Por qué este hombre habla blasfemias como esta?

¿Quién puede perdonar los pecados sino Dios?

Jesús, sabiendo inmediatamente en el espíritu de ellos que discutían así entre sí, les dijo:

- ¿Por qué discutís estas cosas en vuestros corazones? ¿Qué es más fácil, decirle al paralítico: Tus pecados te son perdonados, o decirle: Levántate, toma tu camilla y anda? Para que sepáis que el Hijo del Hombre tiene potestad en la tierra para perdonar pecados - dijo al paralítico: A ti te digo: Levántate, toma tu lecho, y vete a tu casa.

Se levantó, y luego, tomando su cama, salió en presencia de todos, de modo que todos estaban atónitos y glorificaban a Dios, diciendo: Nunca vimos tal cosa.

Galilea era una región de rara belleza. Allí estaban escritas, en las páginas del tiempo, las más bellas lecciones del Evangelio, inmortalizadas en los montes y valles, en las arenas del mar de Tiberíades o en las hojas de sus árboles; resuena todavía hoy la cantata de amor rasgueada por el Maestro en el arpa sensitiva de su alma.

En Cafarnaúm, el pueblo donde nacieron muchas de las enseñanzas de Jesús, también vivió Simón Barjonas. El frescor de las llanuras y los vientos benéficos de Genesaret llamaron la atención de reyes y gobernantes a lo largo de la historia, que iban allí de vacaciones. El mar de Genesaret, también conocido como Tiberíades o Mar de Galilea, era de raro esplendor, un poco más grande que la Bahía de Guanabara. Quizá por eso le recordaba a Jesús las profundidades del alma humana, a la que amaba por completo.

Subiendo una colina cercana, el rabino miró la región circundante con un alma nostálgica. A lo lejos, las moradas de pescadores y hombres sencillos, cuyas robustas almas estaban a punto de transformarse para siempre en cartas vivientes de sublime amor.

El amable rabino bajó la colina hacia la casa de Simón. Aunque todavía estaba distante, pudo observar la multitud que se empujaba junto a la morada del pescador de almas.

En esa época, las casas se construían de forma privada. Los jardines embellecían incluso la morada más sencilla de los hombres. Las habitaciones se distribuyeron en la periferia, mientras que la zona central de las residencias se dedicó al ocio, como si se tratase de una sala de estar. La cumbrera se hizo con lucernarios, de tal forma que se pudieran abrir y así dejar entrar el aire que venía del mar, refrescando todo el ambiente. Normalmente se encontraba una escalera improvisada en la parte trasera de las casas, a través de la cual se podía llegar a los tragaluces.

La casa de Simón no era diferente. El comportamiento del hijo de Jonás tampoco fue diferente al de otros hombres. Habiendo invitado al Maestro a desembarcar en su casa, Simón también se dio a la tarea de anunciar por los alrededores de Cafarnaúm que recibiría una visita especial esa tarde. Después de todo, todos necesitaban saber que él era un amigo cercano de Jesús. Los conocidos y vecinos debieron saber que Simón disfrutaba de la presencia del Maestro, de tal manera que su casa y su persona formarían parte de los comentarios de todos los habitantes de los alrededores.

Pero no fue solo a los amigos a quienes llamó la atención la visita de Jesús a la casa de Simón. También acudían allí escribas y fariseos, representantes del Sumo Sacerdote, con la esperanza de tentar a Jesús y poner fin públicamente a la obra del Maestro, que tanto les molestaba. Además de ellos, la noticia de la visita de Jesús había llegado a la multitud afligida y desesperada, ávida de beneficios inmediatos. Este fue el cuadro que se esbozó aquella tarde, cuando Jesús iba a casa de Simón, también llamado Pedro.

La multitud se agolpaba en la puerta principal de la pequeña casa, mientras Pedro, adentro, era blanco de preguntas, miradas y observaciones de los presentes. En cierto modo, se sintió como el segundo hombre más importante de esa tarde, ya que era el anfitrión y amigo personal de Jesús, el Maestro de los desfavorecidos.

Jesús, sabiendo lo que le esperaba en las horas venideras, cubrió su cabeza con el manto que le ofrecía María, su madre. Disfrazó su apariencia y su mirada para poder llegar a la casa de Simón. De camino, decidió entrar por la parte de atrás, ya que llamaría menos la atención en ese momento. Dentro de la casa, la multitud ya estaba impaciente, esperando la presencia de quien representaba la solución a sus más diversos problemas. Cargaron a Pedro, avergonzándolo. El apóstol trató de calmar los ánimos, porque su experiencia le dio la convicción que Jesús no dejaría de comprometerse, aunque no se hubiera dispuesto la presencia de tanta gente, como sucedió allí. Sin embargo, Pedro conocía el amor de Jesús, y al fin y al cabo, aunque a su manera, el mismo apóstol contribuía a la difusión del mensaje de la buena nueva. En un gesto muy humano, Pedro se unió a la multitud, buscando beneficiarse de la amistad y la visita del Maestro. Había logrado llamar la atención de muchas personas sobre sí mismo y sobre el hecho que era un amigo personal de Jesús de Nazaret.

Disimulando su única e inconfundible mirada, Jesús camina desapercibido hasta la parte trasera de la casa de Pedro y, por allí, ingresa al recinto. Cuando todavía todos estaban abrumados por la euforia de la conversación y los comentarios, el hombre de Galilea, de Nazaret y de otros lugares, entra en la habitación y lentamente se quita el manto que cubre su cabeza.

Si en apariencia se confundía a Jesús con los hombres más sencillos del pueblo, no era así con sus ojos. Mientras miraba a la multitud, que hablaban en voz alta y en tono alto, uno a uno que cruzaban sus ojos con la mirada de Jesús se iba calmando poco a poco. El alboroto cesó paulatinamente, y aun antes que se estableciera el silencio total, la voz magnética y distinta del maestro nazareno se escuchó en la casa de Simón:

- ¡La paz sea con vosotros!

La bendición que Jesús solía pronunciar, del hebreo *shalom*, magnetizó a la multitud, que inmediatamente se quedó en silencio. Los ojos de todos estaban ahora vueltos hacia Jesús, mientras Simón pasaba a un segundo plano. Con las manos extendidas, la mirada profunda y devastadora, le habló al alma. Bajó lentamente los brazos mientras caminaba y, con pasos lentos, comenzó a hablar, justo debajo de la claraboya:

- Vine a traeros el reino de mi Padre. Y mi palabra está revestida de autoridad, porque este reino que anuncio a vuestros corazones es la extensión de mi propia vida. Os traigo la buena nueva, la noticia de un reino que ya ha sido inaugurado, aunque muchos no se han dado cuenta. Este reino de Dios será la esperanza para los que tienen hambre y sed de justicia y misericordia. En él, los anhelos del alma humana serán plenamente satisfechos, ya que todos anhelan la felicidad. Pero los cimientos y la política de este nuevo reino no se parecen a la política humana. He aquí, les traigo algo que va más allá del pensamiento actual de la humanidad. Os traigo la política divina de "amaos los unos a los otros." La fuerza de este reino está en el corazón, en la capacidad de amar, de darse, transformando a cada uno de vosotros en mensaje vivo y mensajero de felicidad.

La multitud quedó asombrada de la fuerza moral en la que estaban investidas las palabras de Jesús. Estaban acostumbrados a escuchar los largos discursos en las sinagogas, lo que más servía para aumentar el orgullo de los fariseos. Pero aquí estaba el que era superior a toda puesta en escena farisaica. Jesús habló con convicción y a la vez con profundidad. Sabía tocar el alma humana con palabras fáciles de entender. Desprovisto de la complejidad del vocabulario aprendido en la educación mundana y que no lograba el objetivo, Jesús habló al corazón. Y debido a que vivió todo lo que predicó, había una fuerza moral irresistible en su mensaje.

Escribas y fariseos, molestos, amenazaron con abandonar el ambiente, ya que sentían que no había forma de enfrentar al hombre llamado Jesús. Casi desistieron de quedarse allí, cuando la situación cambió abruptamente. Hubo un ruido repentino, un estruendo en la multitud, que hasta entonces había estado como estancada ante el mensaje de Cristo. Es que, afuera, unos hombres intentaban abrir camino para llevar a Jesús a un paralítico, enfermo de cuerpo y alma. Sin embargo, la resistencia fue mayor de lo esperado. Jesús, conociendo el dolor del hombre que estaba siendo conducido a la cama, levantó la voz y siguió hablando a la gente. No se dejó interrumpir, a pesar que su psique ya había captado el silencioso grito de ayuda del hombre.

Ante la resistencia que ofrecía la multitud, que se agolpaba a la entrada de la casa de Pedro, los conductores del paralítico decidieron buscar otro camino. fueron por el parte trasera de la casa. Allí encontraron la escalera que conducía a la claraboya e idearon un plan para llevar al desafortunado hombre a la presencia de Jesús. Ataron al pobre ser a su camilla y, con unas cuerdas, lo levantaron hasta la claraboya de la casa de Simón.

Jesús todavía se dirigía a la gente; sin embargo, como sabía lo que sucedía fuera de la casa, dio dos pasos hacia atrás y, sin que nadie notara su gesto, soltó el punto que estaba justo debajo de la claraboya. Entonces todos presenciaron algo inusual. Un hombre estaba siendo izado lentamente desde el tragaluz. Los ojos de los presentes se dirigieron al paralítico, que estaba entonces atado a su cama y descendía lentamente hacia Jesús.

Cuando fue depositado en el suelo, a los pies del Maestro, todos enmudecieron de inmediato, pues la insólita intrusión había levantado los ánimos. Los escribas y fariseos en su rincón susurraban:

- Queremos ver ahora cómo puede mostrar la fuerza de su reino del que tanto se habla.

- ¿No dicen que cura? - se burló otro. Conocemos a este desgraciado y sabemos que su enfermedad es incurable. A ver cómo le va al rabino entonces...

El hombre, acostado y aun sujeto a la camilla que le había servido de ascensor, tenía los miembros rígidos, tiesos desde hacía muchos años. Aunque todavía podía hablar. Fue entonces cuando todos escucharon su voz, gutural, desgarrando su garganta y, ante el esfuerzo, haciendo que su rostro se transformara en una máscara de rara fealdad:

- ¡Jesús, hijo de David, ten piedad de mí!

El Maestro, inmóvil, miró al paralítico y sondeó su corazón, así como el de los demás, que permanecían al acecho del desenlace de aquellas escenas.

Conoció profundamente las almas de los hombres y sus pensamientos.

- ¿Qué quieres que haga? - Preguntó Jesús.

- Que me cures, Señor - la voz de ese desdichado rasgó. Los fariseos creían que aquí era donde se desarrollaba el ministerio de Jesús. Pensaron que el Maestro no tenía salida a la situación. Ante la multitud se puso a prueba el poder de Jesús y la verdad de sus palabras.

Después de un breve diálogo con el hombre, Jesús pronuncia:

- En el nombre del amor y del reino de mi Padre, os digo: ¡Levántate y anda!

- Pero, Señor... - tartamudeó el enfermo, en su incredulidad - estoy paralizado, y todos aquí me conocen desde que era joven. ¡No puedo caminar!

Fijando su mirada en los ojos del paralítico, el Maestro irradió un intenso magnetismo espiritual:

- En el nombre del reino del amor y de mi Padre, que me envió, os digo ahora: Levántate, toma tu lecho y anda.

Fariseos y escribas murmuraban, cuestionando la autoridad de Jesús, y la multitud esperaba los resultados visibles de su poder. El paralítico no podía apartar los ojos de la mirada de Jesús. Parecía que en ese momento el cielo se había encontrado con la Tierra, y de esa mirada cruzada fluían energías y una intensidad de amor tal que nada en el mundo podía resistirlo o incluso empañarlo.

- Levántate - ordenó Jesús de nuevo, con voz firme.

Al principio, un ligero temblor recorrió los miembros rígidos del enfermo de Cafarnaúm. Las manos, paralizadas durante décadas, comenzaron a moverse, mientras poderosos chorros de líquido brotaban de los ojos del Maestro.

Al ver lo que sucedía, los fariseos y la gente allí reunida comenzaron a hablar, todos al mismo tiempo, asustados, sin comprender la autoridad moral del rabino.

Cada miembro rígido de ese hombre pareció cobrar vida de repente, y mientras tanto, sus ojos no podían escapar de la penetrante mirada del Nazareno. Para asombro y conmoción de todos, el ex paralítico se levanta lentamente. Después de inclinarse levemente ante el Maestro, ahora completamente de pie, toma su propia cama y se abre paso entre la gente, estupefacto. Jesús lo siguió con la mirada, y la gente allí, apenas había presenciado tan asombroso fenómeno, cada uno con sus males ahora buscaba acercarse al Rabino de Galilea, para poder beneficiarse individualmente de alguna manera.

Jesús pasó el resto de la tarde sanando, hablando del Reino. Afuera, Pedro se aseguró de informar a todos los que salían de su casa con la bendición de Jesús:

- Él es mi amigo. Soy uno de tus apóstoles.

Humano como todos los demás, Simón Barjonas también proyectó en Jesús sus particulares deseos; en su caso, quiso aparecer a la sombra del Nazareno. Quería sobresalir junto a Jesús. Él era solo humano; el Maestro sabía comprenderlo y permaneció amándolo profundamente. En su serenidad, Jesús conoció ciertas experiencias reservadas a ese hijo de Dios, que, a su debido tiempo, aprendería la lección de la sencillez.

Escribas y fariseos salían furiosos del ambiente doméstico, no conformes con los fenómenos que presenciaban. De hecho, el fenómeno simplemente no convence ni convierte. Solo sostiene la fe del que creyó, sin ver nada. Para el incrédulo, el fenómeno permanece incomprensible.

Jesús sanó el dolor de la gente mientras ministraba enseñanza moral.

Más tarde, cuando Pedro notó que una gota de sudor corría por el rostro de Jesús, despidió a la gente, que no se cansaba de recibir los beneficios irradiados por la dulce presencia del Maestro.

Entonces Jesús invitó a Simón Pedro a dar un paseo junto al lago. Los vientos del Mar de Galilea alborotaron el cabello de Jesús, que cayó sobre sus hombros. Aquella noche que caía sobre la ciudad de Cafarnaúm, Jesús lloró. Una discreta lágrima sustituyó al sudor de minutos atrás.

Pedro, abrazando a su amo, argumentó:

- ¿Por qué lloras, Señor? ¡Yo mismo he visto los beneficios que has repartido entre los hombres! Yo personalmente vi caminar al paralítico después del concurso de tu amor...

- Lloro por él, Pedro - sentenció Jesús.

- No entiendo, Señor.

- Todavía no comprendes la naturaleza de mi reino de amor. La multitud tampoco entendió mi mensaje. Aquel hombre curado de la parálisis - prosiguió el Maestro -

desciende ahora al encuentro de la prostitución, tratando, según su entendimiento, de compensar los años de reclusión benéfica y educativa que le ha proporcionado la enfermedad.

- Pero, Señor - Pedro volvió a hablar. ¿Qué hay de esa mujer que sanaste poco después? ¿No es feliz ahora?

- No, Pedro, ella tampoco entendió el mensaje de mi reino. Ella desciende en este mismo momento a la llanura y planea vengarse de los miembros de su familia que la rechazaron durante sus años de desagrado.

- Pero Señor...

- Lloro por ellos, Simón, y por ti también…

Jesús detuvo sus pasos junto a una piedra. Se apoyó en él y miró las primeras estrellas en el cielo. Pedro decidió respetar el silencio, admirando también el cielo.

Fue Jesús quien rompió el silencio, hablando mientras señalaba las estrellas lejanas:

- Mi reino, Pedro, es tan vasto como las estrellas en el cielo. Hoy fuiste testigo del fenómeno y no lo entendiste. Pero llegará el momento en que regresaré a las estrellas y te dejaré en la Tierra, representándome entre los hombres.

- Señor...

- Cuando me vaya - dijo Jesús, mientras que ahora el apóstol era el que lloraba - enviaré un Consolador para que esté con vosotros para siempre. Solo entonces, cuando él venga, comprenderéis el verdadero sentido de mis acciones y de mis palabras.

Volviendo a caminar, el maestro de Nazaret, de Galilea y de todos los rincones de la tierra volvió a casa de

Pedro, dejando la huella de sus pies surcada en las arenas del mar de Tiberíades. Las aguas pronto borrarían aquellas huellas; sin embargo, el tiempo no pudo borrar la grandeza de su amor. Todas las guerras de los hombres y todas las actitudes ignominiosas de la humanidad no han logrado borrar la grandeza del *amaos los unos a los otros.*

# 13 EL CENTURIÓN DE CAFARNAÚM

El sirviente de cierto centurión, a quien él quería, estaba enfermo, casi muerto. Cuando el centurión oyó hablar de Jesús, envió a ellos a los ancianos de los judíos, rogándole que viniera y sanara a su siervo. Cuando llegaron a Jesús, le rogaron encarecidamente, diciendo:

- Es digno que le hagas esto, porque ama a nuestra nación, y él mismo nos edificó la sinagoga.

Así que Jesús fue con ellos. Cuando estaba cerca de la casa, el centurión le envió algunos amigos, diciéndole:

- Señor, no te molestes, porque no soy digno que entres en mi casa. Por eso no me sentía digno de ir a ti, pero di la palabra, y mi siervo sanará. Porque yo también soy hombre bajo autoridad, y tengo soldados debajo de mí, y le digo a éste: Ve, y va; ya otro, ven, y viene. A mi criado le digo: Filtra esto, y lo hace.

Al oír esto Jesús se maravilló de él, y volviéndose, dijo a la multitud que le seguía: Os digo que ni en Israel he hallado tanta fe.

Cuando los que habían sido enviados regresaron a casa, encontraron al sirviente sanado.

Lucas 7:2-10


Los días secos habían llegado temprano para este joven. Incluso en su juventud, su padre había sido golpeado por una de las plagas que asolaban a la población urbana, haciendo que la vida en las ciudades fuera aun más desafiante. Cabeza de familia, el patriarca había buscado en Roma el trabajo que proveía para su mujer y sus dos hijos, a los que amaba mucho.

Nunca olvidaría la imagen de los caballos llegando al campo y la euforia al pensar que era su padre regresando a casa después de esos meses de trabajo. Qué tristeza se apoderó de las expresiones juveniles cuando se encontraron, por primera vez, con el cuerpo agonizante, sin vida. Las lágrimas corrían por su rostro y desde ese momento, aunque doloroso, se podía ver la firmeza del espíritu experimentado en las conquistas del ser.

Ante las amargas reacciones de su madre, envuelta en la incomprensión y la estupidez que el fulminante episodio hizo arder en su alma, el joven se impuso de inmediato como líder familiar. A los 13 años ya era conocido por la responsabilidad y consideración de los comerciantes que transitaban por la región.

La vida de quien se propone seguir el camino de la rectitud nunca está exenta de experiencias dolorosas, que dejan profundas cicatrices en el alma. Esperar de la vida la oportunidad de desarrollar valores de carácter sin las lágrimas y el sudor que todavía marcan el aprendizaje en el planeta Tierra es como esperar la cosecha sin arar los campos. Jesús, guía divino de los destinos humanos, inmortalizó el dolor como camino de elevación humana, al estampar en el Gólgota la imagen del sufrimiento como puente de ascensión a lo Alto. Es en el camino de la redención; sin embargo, que la recompensa del Señor trae el aliento saludable que respira la morada de los hombres. Es a través de la fe y de la búsqueda incesante de espiritualización diaria que el hombre encuentra el ungüento para sus heridas y la medicina que sana sus heridas y cura su dolor. A medida que fue creciendo, el joven vio cada vez más difícil el apoyo de su madre y su hermano, ya que la sequía afectaba los ríos y la cosecha se veía comprometida año tras año. Además, cuestiones de seguridad lo llevaron a preocuparse por el destino de su familia, en esos rincones ya parcialmente abandonados por las familias amigas.

Es así como el joven decide entregar su destino una vez más a las alas de la oración, pidiendo comprensión para manejar mejor la situación de la familia, en especial la de su madre y sus problemas de salud mental, que ya le estaban dando trabajo. Acostado en silencio, en la noche estrellada y poblado por los sonidos del paisaje bucólico que lo rodeaba, ese hijo tan especial se duerme, habiendo experimentado ya la relación con la Inmortalidad, ve el velo que separa las realidades transitorias y eternas, recibiendo el apoyo que nunca abandona a los hijos del Todopoderoso en la calle.

Por la mañana, con la actitud resuelta que lo caracterizaría por el resto de su existencia, se prepara para moverse. Roma lo esperaba, y en ese momento pudo prever las duras pruebas que le esperaban. Sin embargo, no veía otra solución. Iría a la ciudad, siguiendo el destino de su padre - ¿quién sabe? , dejando a su madre al cuidado de su hermano menor, quien para ese entonces tenía 15 años. A pesar de las protestas de su madre, dejó atrás a los que más amaba, en nombre del amor que sentía.

La vida de alguien que está en proceso de cambio requiere coraje y determinación. Para transformar una realidad se necesita una cierta cantidad de energía, que solo se obtiene con la dedicación incansable que demandan los nuevos proyectos. Nada se construye sin trabajo, y las adquisiciones del ser requieren planificación y voluntad. Al emprender el cambio en los aspectos externos de la vida, es necesario sondear las razones que mueven la conciencia. Determinar si hay un cambio y una maduración íntimos, en lugar de escape o repetición de viejas tareas, puede ser una buena medida.

Los días de la soldadesca imperial fueron de duro trabajo, desde el amanecer hasta el atardecer. Reclutado poco después de llegar a Roma, se dedicó con esmero a la formación y esperó ansiosamente su paga, cuando terminaba el período de trabajo, para poder brindar a su hermano y a su madre los cuidados mínimos necesarios para sobrevivir. Desde la agricultura hasta el manejo de herramientas de batalla, tomó su camino con naturalidad y confianza que, al menos hasta ese momento, no sería necesario enfrentar las sangrientas luchas, que en sus días habían sufrido una bendita interrupción.

Tras siglos de conquistas y embates, el imperio conoció años de relativa tranquilidad incluso en sus fronteras. Sin darse cuenta del momento ilustrado que vivían, las élites enumeraron las contingencias políticas y económicas para interpretar ese momento, utilizando la soberanía de Roma como el gran argumento para explicar el período, que se conocería como la *pax romana*. Es interesante notar la capacidad humana de ceñirse a detalles periféricos en el análisis de experiencias; la fuente real de sus preocupaciones a menudo escapa al individuo.

Lejos de imaginarse lo que sucedía en la parte oriental del imperio, los hombres no levantaron sospechas sobre la presencia del rabino, quien, por aquellos días, siendo todavía un adolescente, preparaba su ministerio en tierras de Judea. Eran los vientos benévolos de Nazaret, que bendijeron a toda la humanidad. En aquellos días, el mundo pudo vivir un período de pacificación nunca antes visto - y nunca repetido, que intriga al estudioso de la trayectoria humana hasta el día de hoy.

Dios sabe proveer al ser humano de lo que necesita para afrontar las pruebas y los desafíos peculiares de la existencia. El servidor atento y entregado, por su parte, sabe captar los designios de la Providencia y gozar de la vida según le permite, sin vacilar en experimentar la misericordia y la prosperidad que Dios puede proveer. Consciente de sus deberes y que en todo hay un propósito, el sabio puede afrontar las batallas del Yo armado con los recursos que la vida le ha dado.

Así fue como el joven, madurado por años de arduo trabajo, se dio a conocer en la inteligencia y en los dones de ética y hombría. Llamado a colaborar en la planificación y en las funciones más estratégicas del mando de las tropas, supo sorprender a sus superiores jerárquicos con los resultados de sus nombramientos. Pronto llamó la atención de ciertos oficiales y, antes que pudiera haberlo adivinado, se encontró de nuevo en una encrucijada.

Acompañado ya por su madre y su hermano en la ciudad, los dejaría una vez más, para abrazar el ascenso que lo llevaría a comandar tropas en las lejanas tierras de Judá. Fiel compañero y agradecido, recibe el oportuno aliento de su hermano y emprende nuevamente la marcha, llevando en su equipaje la añoranza de sus seres queridos y el deseo de

- ¿Quién sabe? - Encontrar consuelo en el corazón de una dama que pudiera recibirlo. Durante tantos años dedicados al trabajo, había olvidado los llamamientos de su propia alma juvenil en nombre del cuidado de su familia y de sus deberes en el imperio de los Césares. Un largo viaje lo separó de sus seres queridos. Después de un año de trabajo duro en tierras extranjeras, sintió el deseo de regresar. Su madre, que había muerto en sus primeros meses de cabalgata, no había podido volver a verlo. Cómo esperaba volver a encontrarla, recuperado de la enfermedad que la había consumido lentamente... En las noches frías, bajo las áridas tiendas del paisaje montañoso, era ella en quien pensaba, recordando también a su padre, de quien había un recuerdo tenue y que lo inspiró en los últimos años desafíos más difíciles.

Fue entonces cuando conoció a una joven y fijó su residencia en las tierras de Judá. Pasaron los años, y el entonces centurión romano vio la casa llenarse de alegría en la sonrisa de sus hijos, quienes ahora lo hacían sentir pleno, en compañía de su amada. Con responsabilidades de elección, el fiel soldado romano se convirtió en jefe de legiones, las cuales comandaba buscando aumentar la conciencia que estaban en tierras ocupadas. Su mujer, discriminada por su unión con un invasor romano, supo sufrir las críticas incluso de sus familiares, que no la comprendían, en nombre del amor al marido al que admiraba.

Así se abrazaron los dos y juntos abrazaron la fe común al pueblo judío. Él, ya lejos de la visión de Roma, encontró en Jehová, el dios hebreo, la expresión de su amor a Dios. Junto con su esposa, sorprendió a la comunidad al erigir, a sus expensas y con el trabajo de muchos de sus soldados, que lo tenían en alta estima, una sinagoga como regalo a los judíos de Cafarnaúm. Con el gesto de su generosidad se había ganado no solo el respeto, sino una convivencia social más pacífica con los indígenas, cuyas tierras, al fin y al cabo, estaban ocupadas por el poder de los Césares. Se hizo respetar por la autoridad moral.

Así es como, cuando uno de sus más cercanos servidores, compañero desde los días de la lejana Roma, cae enfermo, se angustia al verlo - al igual que le había sucedido a su padre, a su madre y, en ese momento, también a su hermano menor: la partida de un corazón querido.

- ¡Señor! - Le dice otro de sus soldados. - Hay un profeta rondando por las orillas de Tiberíades; ha hecho maravillas, sanado a los cojos, y devuelto la vista a los ciegos.

- ¿Quién es ese hombre? Dime sin demora.

- No sé, señor. Son solo noticias de las que se está hablando.

La inquietud se apoderó de esa alma. No podía abandonar a su compañero con la sombra de la muerte a sus pies; al mismo tiempo, vio en ese profeta la única esperanza para alejarla de las puertas de su casa.

Y el hombre se entregó a la oración una vez más. Para comprender mejor lo que le sucedía y obtener una guía segura, repitió el gesto de pedir guía al divino que lo había llevado allí. Entonces decide enviar hombres para ir en busca del misterioso profeta y hacerle llegar su pedido de misericordia.

Sin haber encontrado aun al Maestro, aquel hombre tuvo dificultades para reconocerse a sí mismo. Su mente estaba totalmente enfocada en el contacto con el profeta anunciado. De repente, escenas de un hombre de cabello largo, entre tonos dorados y marrones, lo quitaron del sueño; de espaldas, este hombre parecía saber de su presencia y; sin embargo, permanecía impasible, manteniendo cierta distancia, aunque fuera en sueños. Caminó y caminó hacia el Maestro y, por razones que desconocía, no podía acercarse a él. Despertó embriagado con las imágenes que llenaron su mente y dio nuevas órdenes a sus soldados:

- Dile que no venga más, que no soy digno de recibir en mi casa a tan gran señor. No es el general el que va a casa del centurión, sino todo lo contrario. Envíale mis enviados. Como yo tengo mis cargos, sé que él tiene los suyos, y puede sanar sin tener que desviarse de sus caminos.

Es el poder de la fe, la gran incógnita que siempre ha movido a las grandes almas, en la certeza que los destinos humanos no están fuera del amparo de la paternidad divina. Familiarizado con los dones de la mediumnidad, vio rasgarse una vez más el velo que separa los mundos, manteniendo la confianza en los emisarios invisibles de Jesús para promover la curación de su siervo.

Sus subordinados, intrigados por las órdenes de su señor, lo obedecieron, dudando de su inusual actitud. Para su sorpresa, cuando encuentran a Jesús, se vuelve hacia la multitud y declara: Ni siquiera en Israel he encontrado tal fe.

La historia del centurión representa el alma creyente y la certeza que la verdad divina toca los corazones distantes por su obra. No siempre son los primeros en ser llamados los que se hacen elegidos e, incluso entre los que reciben la mayor inversión y se declaran representantes de la fe divina, encontramos la duda. La fuerza de quien supo encontrar combustible para la fe en las experiencias más adversas de la vida sorprende y trastorna las pretensiones de quien se encuentra en una posición privilegiada, al lado del Maestro.

"El Mesías vino a los suyos, y los suyos no lo reconocieron"

El pasaje evangélico es la expresión de una verdad que debe guiar siempre la fe de quienes comparten el banquete del Señor, conscientes que Jesús, el divino Pastor de las almas, sabe cautivar a cada uno según sus dominios y aptitudes. El camino de Cristo es un camino plural, y hasta en los lugares más insólitos encontraremos a alguien que, aun sin saberlo, fue tocado por la dulce vibración de quien nos conduce a los destinos.

# 14 ZAQUEO EL PUBLICANO

Cuando Jesús hubo entrado en Jericó, pasaba de largo. Había allí un hombre llamado Zaqueo, que era jefe de los recaudadores de impuestos, y era rico. Estaba tratando de ver quién era Jesús, pero no podía, por la multitud, porque era pequeño de estatura. Luego, corriendo adelante, se subió a un árbol sicómoro para verlo, ya que tenía que pasar por allí.

Cuando Jesús llegó a ese lugar, miró hacia arriba y le dijo: Zaqueo, desciende pronto. Hoy me conviene posar en tu casa.

Apresurándose, bajó y lo recibió con alegría. Todos los que vieron esto murmuraron, diciendo que había venido para ser huésped de un hombre pecador.

Pero Zaqueo se levantó y dijo al Señor: Señor, he aquí, doy la mitad de mis bienes a los pobres, y si en algo he defraudado a alguien, se lo devuelvo cuadruplicado.

Jesús le dijo: Hoy ha llegado la salvación a esta casa, porque también éste es hijo de Abraham. Porque el Hijo del Hombre vino a buscar y a salvar lo que se había perdido.

Lucas 19:1-10

Esos fueron tiempos difíciles. Las íntimas dificultades reflejaban en la sociedad de entonces las mismas angustias y temores que caracterizan a las masas humanas de hoy. Los conflictos sociales o los conflictos psicológicos generaron las mismas insatisfacciones que acechan hoy al hombre moderno.

La dulce y melodiosa voz del mensaje del Maestro resonó por las llanuras de Judea, invitando a todos a los tiempos de renovación. Pero también en aquellos tiempos reinaba en muchos corazones la desesperación y, como reflejo de las imperfecciones humanas, el malestar que traían los prejuicios velados u ostensibles.

Muchos consideraban a los publicanos y fariseos, los recaudadores de impuestos del templo o los representantes de César como representantes de clases que debían evitarse. Los publicanos, naturalmente, por su historia envuelta en las brumas de logros inferiores, despertaron el desprecio y la discriminación general.

La historia de Zaqueo no fue diferente de las historias y dramas de muchos hombres. Viniendo de un pasado comprometido tanto con la ley divina como con la legislación humana, el publicano de la historia evangélica se encontró en la encrucijada de la vida.

Se había enriquecido ilícitamente con el comercio espurio que había ejercido desde su juventud. El matrimonio era un campo de confrontación constante, y la mujer exigía una inmensa cuota de sacrificios, para poder cumplir con las más diversas expectativas. Las exigencias y obligaciones sociales le hicieron desenvolverse de tal manera, consumiendo su vitalidad orgánica, lo que provocó su envejecimiento prematuro. La familia ciertamente reflejaba sus propias inquietudes íntimas y, por lo tanto, el desequilibrio era una marca siempre presente en su vida doméstica.

Interiormente deseaba cambiar, pero era necesario que algo o alguna fuerza externa pudiera empujarlo hacia la tan necesaria renovación. Aquella tarde todo contribuiría a que el publicano encontrara el camino de la renovación. Una multitud siguió a cierto hombre, alguien que se hacía llamar rabino. Estaba un hombre diferente, no solo habló de un determinado reino, sino que lo vivió en su vida, ejemplificando en sus experiencias cuál era el objeto de su predicación.

Desde la distancia, Zaqueo el publicano decidió observar más de cerca.

De pequeña estatura que la mayoría de sus contemporáneos, recurrió al recurso extremo para poder ver, al menos, al que se presentaba como hijo de Dios. Quería algo dentro de él, pero no sabría exactamente lo que quería. Se subió a un sicómoro, árbol cuya presencia era habitual en aquellos lugares; desde allí pudo observar la presencia de aquel cuyo amor y obras estaban ganando repercusiones en toda Judea y Samaria.

El rabino caminó entre la multitud de almas perdidas y hambrientas. Sus caminos no pasaron por los mismos caminos que los reyes y soberanos terrenales. Prefería los caminos de la vida donde más se necesitaban sus palabras y ejemplos de compasión, sabiduría y amor. Así era que solía ir acompañado de prostitutas y personas consideradas de mala vida. Desde los leprosos del alma hasta los sedientos de justicia, desde los agraviados y oprimidos hasta los desdichados de la tierra, así como ciertos personajes conocidos como antiguos perseguidores del pueblo, éstos fueron los compañeros del peregrino nazareno.

Como hoy, el prejuicio se apoderó intensamente de los corazones humanos que no estaban preparados para la realidad de la vida eterna.

El Maestro se detuvo ante el sicómoro, cuyas ramas sostenían el cuerpo de Zaqueo el publicano. Fijó los ojos del infeliz anhelando la renovación durante mucho tiempo. Ojo a ojo, el médico de las almas penetró profundamente en aquella alma extraviada del redil y luego pronunció las siguientes palabras:

- ¡Zaqueo! – Llamó el Maestro -. Hoy es mejor para mí estar contigo en tu casa.

Ante la oferta del Maestro de todos los maestros, Zaqueo no pudo dudar.

Para cada hombre, en algún momento, llega el momento de la transformación. La hora exacta del encuentro con la vida aparece en el reloj de arena del tiempo. Así, para Zaqueo también brilló la aurora de un nuevo día. La Estrella Polar del Evangelio, Jesús, resplandeció en su vida, en el cielo de su destino. Los seguidores del Nazareno contemplaron con asombro la actitud del Maestro, y también ellos lo recriminaron, pues no comprendían que Él, médico divino, había venido precisamente para quienes más lo necesitaban. Un médico solo necesita a los que están enfermos; quien se siente sano no necesita recurrir a sus recursos, sean de medicina terrestre o espiritual.

Pero, ¿quién puede saber lo que sucede en el corazón humano? Incluso aquellos que dicen ser apologistas de la verdad todavía tienen mucho que aprender y mucho que volver a aprender en el campo de la vida universal. Jesús se dejó guiar por el impulso del amor, del amor ágape. Las dificultades humanas llevan a los individuos a desarrollar la incomprensión, la intolerancia y otras características antagónicas a la virtud, que prevalecen en corazones que aun están lejos del bien y del amor.

Jesús se dirige a la casa de Zaqueo como se dirige a la casa mental de todo ser, en cuanto se presenta la necesidad de una renovación interior. Es necesario esperar el momento oportuno en que el espíritu madure para la vida, y es necesario desarrollar la sensibilidad para percibir tal ocasión.

Así como los publicanos inspiraron prejuicios en los de su tiempo, así hoy el prejuicio domina todavía los corazones humanos. Sin embargo, Jesús y los espíritus superiores no se someten a las convenciones humanas. Si algo o alguna situación no resuena con nosotros o con nuestros conceptos de verdad, es bueno que podamos observarnos más de cerca. Las cosas espirituales están por encima de los asuntos humanos. El prejuicio es hijo del orgullo y hermano del egoísmo. Todo tipo de prejuicio debe ser combatido con el ejercicio del amor incondicional.

Los Zaqueos modernos están llamados a abrir las puertas de su corazón al encuentro con la eternidad. Las personas con prejuicios también están llamadas a encontrarse consigo mismas. Están llamadas a estudiar sus vidas, analizándolas desde una perspectiva espiritual. Considérate como realmente eres: imperfecto y aun en evolución. Todos estamos en el camino del aprendizaje y por eso no hay lugar para los prejuicios en nuestras vidas. La lección del Evangelio es de pura fraternidad. El mensaje es de caridad y amor.

La tarde se desvanecía en las nubes que se juntaban en lo alto. El bucólico paisaje de Galilea evocaba el pasado, cuando aquel pueblo había llegado a su cenit, al apogeo de su gloria. Sin embargo, era un pueblo sufriente y afligido el que demandaba urgentemente las bendiciones del Consolador.

Él era la palabra, el verbo hecho carne. Suya era la voz que se escuchaba en aquel rincón oscuro de una nación decadente, bajo el yugo de hierro de Roma. El rabino caminó entre la multitud ansioso por obtener resultados inmediatos. Todos querían de alguna manera obtener algo de las manos milagrosas del Maestro. Todos querían algún tipo de ganancia.

A lo lejos, los ojos sublimes de Jesús vieron un árbol silvestre. En sus ramas alguien se escondía.

¡Vaya! ¡Los ojos de Jesús!

Dos perlas de almendra incrustadas en ese cuerpo cuyos dolores reflejaban los de la humanidad.

Al entrar en contacto con la suavidad de esos ojos, el alma humana quedó extasiada, conquistada con tal iluminación que se desbordó de él. Sus ojos brillantes parecían estar incrustados bajo el flequillo y los mechones que caían sobre su rostro. Cabello rizado, claro y al mismo tiempo teñido con los colores del sol. La amplia sonrisa y el rostro arrugado con las marcas sufrieron su trayectoria milenaria.

El hombre que se escondía entre las hojas del árbol silvestre era alguien que intentaba a toda costa hacerse entender y llamar la atención del maestro nazareno. Zaqueo el publicano, así lo llamaban sus compatriotas. Desde muy joven, en su vida pública, se había acostumbrado a la ganancia fácil. Casado y padre de seis hijos, se había ganado la reputación de ser un hombre rudo y difícil. Su esposa, arbitraria e irritable, le inspiraba la ilusión de la falta de respeto y la infelicidad conyugal.

Había amasado una gran cantidad de dinero lidiando con asuntos políticos y con el trato abusivo que pretendía para aquellos hermanos que estaban bajo su tutela. Se había enterado de la presencia del rabino y por diversos medios se había dejado sacudir en sus convicciones con solo escuchar las historias que involucraban a ese hombre legendario, el hijo de David. Tendría que llamar su atención; deseaba mucho que el rabino pudiera recompensarlo con una mirada o, ¿quién sabe? - con una conversación en la intimidad de su hogar.

Sin embargo, no encontró otra forma de mostrarse al rabino que treparse a las ramas del sicómoro, un árbol común en esas partes de Galilea. De pequeña estatura, Zaqueo necesitaba trepar al árbol para hacerse notar.

El enviado divino se acercaba con pasos lentos; sin embargo, con el corazón tan acelerado que su pensamiento, dilatado, había apresado la voluntad de quien quería cambiar interiormente.

A pocos pasos del árbol sicómoro, el Maestro se detuvo y, ante el asombro de sus seguidores, volvió la mirada y las palabras al hombre que había sido símbolo de infidelidad y negocios espurios.

Cuando Zaqueo miró fijamente a los ojos del Maestro, sintió como si la carne alrededor de sus huesos se fuera a adelgazar. Se estremeció y se emocionó como nunca antes.

Jesús sonrió para que solo él pudiera ver.

Zaqueo se sintió debilitado y, atrapado por esa mirada profunda y al mismo tiempo dulce, fue conquistado para siempre por ella.

Jesús dibujó algo entre sus labios.

Zaqueo desarrolló una actividad frenética en su mente.

Jesús mostró que conocía su intimidad, el contenido de sus pensamientos.

La multitud y los discípulos se calmaron gradualmente y observaron el resultado de esa reunión.

Era el encuentro entre la luz y la oscuridad, el sol de la vida y el barro de la Tierra. El rabino de Galilea abre la boca y expresa su deseo de ir a la casa de Zaqueo ese día.

El publicano esboza una reacción puramente emocional, justificándose y proponiendo un cambio radical en su comportamiento.

Ahora él, Zaqueo, sabía con absoluta certeza que nunca volvería a ser el mismo. Fue conquistado para siempre por la bondad y la intensidad de los ojos de Jesús. El rabino sigue su camino, pero apenas se va, el publicano, renovado y conquistado por la mirada del Maestro, grita para que todos lo escuchen: ¡Rabino!

Jesús se detiene a escuchar la propuesta de Zaqueo:

- Sé que he tomado de la gente todo lo que puedo; he sido un mal mayordomo, y mi fortuna la he ganado con las lágrimas de los demás. De ahora en adelante, pagaré a todos los que he causado vergüenza y devolveré todo a aquellos de quienes se lo quité.

Jesús sonríe discretamente, sabiendo que el tiempo y los siglos esperarían pacientemente la transformación de las almas delincuentes en ángeles de luz. Jesús, el rabino de Galilea, sabría esperar hasta que aquella alma incrustada en el carbón de la carne despertara al futuro. Jesús sabía esperar.

El Maestro prosiguió sus pasos seguros, invirtiendo en los niños del mañana.

Zaqueo bajó del sicomoro, renovado por la presencia del Maestro. Pasó el tiempo, y los siglos jugaron el papel de cincel del tiempo, modificando el contenido íntimo de aquella diminuta alma, transformándolo en un gigante de la fe.

Zaqueo renace y regresa al escenario mundial.

Un día, una multitud hambrienta, angustiada e insegura busca al representante de Jesús. Después de un agotador día de trabajo, aquel hombre ya no encontraba fuerzas para seguir atendiendo a los invitados de Jesús. Han pasado diecinueve siglos y ahora ha renacido reflejando la mirada del rabino en sus propios ojos.

Dulces ojos, diminutos y color miel, recibe a una mujer angustiada. Zaqueo, renovado en una nueva apariencia física, le pregunta a la mujer qué es lo que la angustia. Ella responde:

- ¡Vaya! Mi señor, no tengo ni un centavo para comprar pan para mis hijos. ¿Cómo entonces puedo comprar medicina para el niño que se desmaya en mis brazos?

Los ojos experimentados recuerdan el sufrimiento de siglos. Y, en las pantallas de la memoria, recuerda la promesa que le hizo a Jesús, que devolvería al dueño anterior todo lo que le había extorsionado y se entregaría por completo a los que había dañado.

Cansado, ya con el peso del sufrimiento sobre los hombros, se toca las manos. Al darse cuenta del único bien que le quedaba, el anillo del médico, se lo quitó del dedo y se lo entregó a la mujer, quien antes de irse besó la mano de su viejo. Reconociendo en esos ojos el reflejo de la mirada de Jesús, le agradeció con emoción:

- Gracias, Dr. Bezerra de Menezes. Muchas gracias.

- No Me des las gracias hija. Solo estoy devolviendo lo que te quité.

Jesús, sonriendo, sigue invirtiendo en la humanidad sin prisa, sabiendo que el carbón más negro se convertirá un día en el diamante luminoso, irradiando la luz del sol.

# 15 PEDRO, LA ROCA DE LOS SIGLOS

Después que Juan fue encarcelado, Jesús vino a Galilea predicando el evangelio del reino de Dios, y diciendo:

- El tiempo se ha cumplido, y el reino de Dios está cerca. Arrepiéntete y cree en el Evangelio.

Mientras Jesús caminaba junto al mar de Galilea, vio a Simón y a Andrés, su hermano, que echaban la red en el mar, porque eran pescadores.

Jesús les dijo: Síganme, y los haré pescadores de hombres.

Entonces ellos, dejando las redes, lo siguieron.

Marcos 1:14-18


Lo primero que hizo Andrés fue buscar a su hermano Simón y decirle: Hemos encontrado al Mesías - que significa Cristo. Lo elevó a Jesús.

Cuando Jesús lo miró, dijo: Tú eres Simón, el hijo de Juan. Serás llamado Cefás - que significa Pedro.

Juan 1:41-42


Era un simple pescador. En las orillas del Tiberíades, el barco pareció volcar ante el vendaval que se acercaba, anunciando la tormenta. Los peces comenzaban a escasear, y día tras día la situación socioeconómica obligaba a los hombres sencillos del pueblo a buscar nuevas salidas para sobrevivir. Simón Barjonas, hermano de André, ya se disponía a abandonar su infructuoso trabajo. Sin embargo, dentro de su pecho, una llama diferente parecía parpadear.

Notó que la tormenta y el vendaval se consumían lentamente, devolviendo la calma a la naturaleza. En la distancia, un hombre se acercó. Vestía un manto de color claro, tejido en el lino más fino, que reflejaba los rayos de un sol que se empeñaba en romper entre las nubes; el cabello rizado colgaba sobre sus hombros, y sus ojos penetrantes parecían brillar con el color de la miel. El hombre se acercó lentamente y, como una aparición, atrajo la atención de aquellos hombres, ya marcados por el dolor y el sufrimiento.

Toda Judea y también Galilea estaban bajo el yugo de los romanos. Esos hombres del pueblo lo sintieron en su propia piel, así como en sus alforjas, en las que se estaban agotando las últimas reservas de fuerzas - y monedas -. En su corazón, una débil intuición que este era un momento inusual. Algo diferente se estaba preparando para el mundo.

El hombre descalzo se acercó aun más, trayendo renovada esperanza a la singularidad de su mirada y estampada en su rostro. Parecía conocer los pensamientos que pasaban por sus mentes y los sentimientos que afligían sus corazones. Se acercó con una amplia sonrisa.

Esa tarde, todos los pescadores registraron, de una forma u otra, que sus vidas cambiarían para siempre.

Recostándose contra uno de los botes amarrados en la arena, el hombre preguntó:

- ¿Qué está pasando entre ustedes?

- El tiempo, mi señor, el tiempo y la resaca han asustado a los peces, y no nos queda nada que pescar.

Dirigiéndose a Simón Barjonas, un hombre de barba poblada y cabello despeinado, el joven galileo llamó:

- Ven conmigo y te haré pescador de hombres y de almas. El mundo está listo, y el tiempo es ahora, cuando arrojaréis vuestras redes sobre las aguas y sacaréis de ellas las almas ya maduras por las experiencias de la vida.

No había forma de resistir el magnetismo superior de esas palabras y esa mirada.

Simón había estado siguiendo al Galileo durante algún tiempo. A partir de entonces, una nueva perspectiva se abrió ante sus ojos, y un nuevo mundo se dibujó en los estandartes romanos y los laureles de los Césares.

Un día, el Maestro de los desfavorecidos invitó a Simón a un apasionante coloquio. Lo acurrucó contra él y, tocándole el rostro, macerado por años de sufrimiento y trabajo duro, le dijo:

- Tú, Simón, eres de piedra. Tú eres Pedro, y sobre esta roca edificaré mi iglesia, y las puertas del infierno no prevalecerán contra ella.

Se hizo la promesa y, a lo largo de los siglos, se cumpliría cada letra y cada ápice de la sentencia divina. Pedro iba a representar una nueva directriz, y a través de su testimonio como un hombre fuerte e impetuoso, el mundo finalmente conocería el mensaje de la inmortalidad.

Se confirma la tarea de Pedro, que, en muchas ocasiones, será distinguida por Jesús de los demás apóstoles. Así, es desde la barca de Pedro que Jesús evangeliza a la multitud en la costa. Es a Pedro a quien da la orden de echar la red, en el episodio que se conocería como la pesca milagrosa. Es a Pedro a quien el Maestro sostiene sobre las olas.

Negó la causa cristiana negando a Cristo, aunque al hacerlo no extinguió del todo la llama de la revolución dentro de su pecho, esa voluntad obstinada que asfixia a algunos seres humanos. Se levantó en una epifanía paradisíaca, embriagado por el sueño del futuro, cuando la promesa de Cristo se realizaría plenamente.

Con su genio fuerte y su espíritu ya experimentado, Simón Pedro regresa a su patria espiritual. En el último momento, bajo la mirada del Coliseo Romano, fue crucificado cabeza abajo, a petición propia, pues su conciencia no permitió que fuera martirizado como lo había sido su Maestro. El apóstol había impreso en su memoria la triple negación que marcaba su alma.

Vuelve al mundo un par de veces, preparándose para el futuro. A través de la reencarnación, naces de nuevo. En las tierras de Bohemia, en medio del ambiente opresivo y las nubes medievales, aparece Juan Huss. Quemado en la hoguera por su genio único, que se rebela contra los abusos de la iglesia secular, el apóstol renace de las cenizas como un ave fénix y regresa a su patria espiritual como un espíritu libre, seguidor incondicional de Cristo. Esperaría, entre las falanges del Consolador, el momento oportuno para volver a la Tierra y dar el testimonio supremo del mensaje cristiano.

Cuando el mundo se sumergió en las tinieblas de la ignorancia y la gente se olvidó de las enseñanzas del Maestro, Jesús llamó a sí a la falange de los trabajadores inmortales. Era necesario dar un aliento renovador y un nuevo soplo a la humanidad. En el memorable encuentro se escuchó el pronunciamiento del Maestro:

- Necesito un espíritu experimentado, alguien fuerte y valiente, que, aunque haya experimentado caídas humanas, sea un sello de nueva revelación. Es necesario tener mucha fuerza para enfrentar las mareas de dificultades y no desfallecer ante las duras pruebas que le sobrevendrán.

La asamblea de espíritus iluminados permaneció en silencio. Después que el Señor de la vida hablara de las virtudes necesarias para la nueva tarea, en medio de la multitud de ánimos elevados aparece la figura de Pedro. Pelo blanco y mirada firme y decidida.

El Maestro sonríe y abraza su espíritu resuelto.

En su corazón, el apóstol recuerda las palabras proféticas de Cristo hace cientos de años: "Tú eres Pedro, y sobre esta roca edificaré mi iglesia…."

- ¡Aquí estoy, Señor; si quieres mándame! Las palabras de Pedro eran seguras.

Jesús sabía que podía confiar plenamente en él. Esa fue una asamblea de luz que preparó la nueva fase de la evolución del mundo. Abrazado por Jesús, Simón es conducido al calor del vientre de una madre, y nueve meses después, el mundo recibe a Hippolyte Léon Denizard Rivail en su regazo. Allan Kardec reaparece con el genio emprendedor y audaz. Siglos después de haber negado a Jesús, el espíritu del apóstol vuelve y, dotado de la más intrépida lucidez, demuestra irremediablemente la vida espiritual y los conceptos mal entendidos del mensaje evangélico. Si en el pasado había negado la experiencia concreta con Galileo, ahora declara, con certeza inquebrantable, la existencia de la realidad extra física, y va más allá. Traza estrechas relaciones entre la dimensión del espíritu y la vida humana y extrae conclusiones, siempre con una lógica cristalina y una valentía sorprendente, que socavan gravemente las convicciones de la razón pretenciosa y materialista. De una manera sin precedentes en la historia terrenal, sustrae las manifestaciones de la vida inmortal del dominio de lo fantástico, lo maravilloso y lo místico, rompiendo siglos de ostracismo con argumentos que nadie podría rebatir.

Devuelve al mensaje de Jesús el estado punzante y actual que siempre ha tenido, presentándolo como algo mucho más amplio, sin limitarlo al ámbito religioso, secular. Sobre la roca sólida del cimiento Kardec, se edifica la iglesia universal de Jesús, bajo la égida del Espiritismo.

# POSDATA
# JESÚS, MENSAJERO
# DE LA TOLERANCIA

En esto conocerán todos que sois mis discípulos, si tuviereis amor los unos con los otros.

Juan 13:35

Hablar del Evangelio desde un punto de vista histórico y relatar las experiencias vividas por sus personajes es entrar en territorio peligroso. Aprovechar estos temas suele despertar reacciones apasionadas, y luego uno quiere determinar el veredicto con precisión: ¿es cierto o no? ¿Es correcto o incorrecto? Seguimos, seres humanos, atormentados por la necesidad visceral de organizar los acontecimientos en compartimientos verdaderos o falsos. Sin embargo, las cuestiones no siempre son tan simples, y la realidad está impregnada de detalles que escapan al análisis maniqueo.

En este sentido, prefiero creer que la actitud de Jesús hacia Pilatos es sumamente adecuada aun hoy. Ante la última pregunta: "¿Qué es la verdad?" (Juan 18:38), el Maestro guardó silencio. Como afirma cierto mentor espiritual, quizás Jesús optó por respetar el momento de la humanidad, que aun no era capaz de comprender plenamente cuál es la verdad.

¿Y por qué nosotros, religiosos de todos los cultos y épocas, estamos tan preocupados por la verdad?

Evidentemente, es un tema candente. Desde un punto de vista histórico, por ejemplo, ¿quién no quiere saber cómo sucedieron realmente las cosas? Ninguna curiosidad puede resistirse a esta posibilidad. Sin embargo, para frustración de muchos que buscan descubrir el precioso néctar de la verdad, la filosofía de la ciencia contemporánea afirma que la verdad, en sí misma, no existe. Ciertamente existe como un hecho absoluto, pero cuando tratamos de escudriñar su esencia a través del pensamiento o la comunicación, deja de existir. Lo que hay, en su lugar, es solo una visión posible de la verdad.

Todo lo que vemos, lo vemos desde el prisma construido por nuestra propia trayectoria y nuestras experiencias. Ocurre como en materia de mediumnidad: no hay comunicación espírita "pura", o sea, que no haga uso de los recursos psíquicos, preexistentes en el entramado mental del médium, y ser determinado por ellos. La comunicación es invariablemente una asociación mediúmnica.

Sin embargo, es importante llegar a un cierto patrón común y compartido para el grupo para que podamos reunirnos en torno a él. En materia religiosa, por ejemplo, es estableciendo como base la codificación kardeciana que podemos sentirnos pertenecientes al grupo social de los identificados como espíritas. Es en la obra y el pensamiento de Allan Kardec que se basan nuestras convicciones, y es en este territorio que intercambiamos experiencias.

# KARDEC Y LA VERDAD

Es necesario trascender la simple lectura de los textos kardecianos y comprender el espíritu que movía al codificador en sus elecciones, ciertamente movido, en mayor o menor medida, por el impulso de las falanges del Espíritu de la Verdad. Veamos dos ejemplos que demuestran los sabios gestos del codificador hacia la verdad.

El tercer libro de la codificación, *El Evangelio según el Espiritismo*, contiene los desarrollos morales de la filosofía espírita y tiene como base las Leyes Morales, texto que constituye la tercera parte de la obra inaugural *El Libro de los Espíritus*. Al presentar la nueva obra, Kardec explica que contiene exclusivamente los pasajes de la vida de Jesús que ilustran su enseñanza moral, y que la obra tendría como objetivo analizar esa enseñanza moral del Maestro, ya que él es "el terreno sobre el cual todos los cultos pueden reunirse, el estandarte bajo el cual todos pueden cobijarse, por diferentes que sean sus creencias."[3]

Amarse unos a otros es la regla de oro válida en cualquier época o cultura. Ahora bien, no es que los otros aspectos de la vida de Cristo carezcan de interés; es que los

---

[3] Kardec, Alan. *El Evangelio según el Espiritismo*. Traducción de J. Herculano Pires. Capivari, sp: eme, 1997, 3ª ed. Introducción, ítem 1: Propósito de este trabajo, p. 15. La lectura de este texto en su totalidad es siempre un deleite y una recomendación para que nunca dejemos de ver el aspecto religioso del Espiritismo con la claridad y lucidez con que lo presenta el codificador.

principios morales son aquellos ante los cuales cesan las disputas religiosas y todas encuentran confluencia.

En *El Libro de los Médiums* o Guía de Médiums y Evocadores, que aborda la dimensión experimental y, por lo tanto, científica de la doctrina espírita, Kardec también hace una opción digna de mención. Contrariamente a lo que podría esperarse, no escribe un manual de encuentros mediúmnicos, no establece en detalle cómo se debe tratar cada cosa. Más aun: la publicación anterior, titulada *Instrucciones Prácticas para las Manifestaciones Espíritas*, prefiere suprimirla, como nos informa en la nota a la segunda edición de *El Libro de los Médiums*. Argumenta que, como resultado de una necesidad urgente en la época de la naciente doctrina, ese libro habría perdido su sentido con su publicación.

En lugar de fijar reglas y un rígido esquema de funcionamiento para las reuniones o incluso para las sociedades espíritas, Kardec simplemente traza lineamientos, comparte los resultados de sus observaciones e investigaciones, cataloga y clasifica los fenómenos y presenta, al final, solo como ejemplo, el reglamento de la Sociedad Parisina de Estudios Espíritas.

En otras palabras: Kardec no da recetas, solo señala caminos. En perfecta armonía con la pedagogía más avanzada, no ata a los alumnos a modelos intransigentes, sino que les proporciona la más poderosa de las herramientas: la libertad.

Y así la doctrina espírita hace dos opciones que muestran su paternidad superior. En primer lugar, se apega a lo esencial, a la verdad mayor, que es la necesidad de amar y de experimentar la caridad en su sentido más supremo. Por tanto, no pierde el tiempo con sofismas, no le importa si María era virgen o no, no especula sobre la fecha del nacimiento de Jesús, pero tampoco delimita el campo de futuras investigaciones. En segundo lugar, tolera y respeta la diversidad de métodos, estableciendo únicamente los principios sobre los que deben guiarse los investigadores de lo invisible. Declara que la responsabilidad de los resultados corresponde a los médiums y evocadores y no discute si las reuniones deben ser en torno a la mesa o en el suelo, si los médiums deben estar en número x o y, no prescribe técnicas para pasar o desarrollando la facultad mediúmnica. No restringe los amplios horizontes de la verdad, dando a la doctrina condiciones para progresar indefinidamente. Tales opciones reflejan un codificador muy sensato, que aprendió mejor del GM.

# LA BIBLIA Y LA VERDAD

Para citar otro ejemplo sobre el carácter relativo de la verdad, merecen ser destacadas las discusiones sobre la autenticidad de los textos bíblicos. Quizá se pretende mostrar que lo verdadero y lo puro no están tan al alcance del ser humano.

No existe un único manuscrito original ni traducciones absolutamente fieles; en muchos pasajes se optó por lo más probable, debido a la pluralidad de posibilidades.

La verdad, cuando se diseca en su seno, parece traicionar al examinador. A menudo es ambiguo o, al menos, plural.

¿La luz es una onda o una partícula? Ambos: según la física moderna, la luz se propaga como onda o como partícula. ¿El electrón dentro del átomo está ubicado aquí o allá? Imposible de determinar, según la física cuántica. Posiblemente en ambos lugares, simultáneamente. Es la ley de la relatividad.

Volviendo a la Biblia. ¿Jesús se encontró personalmente con el centurión, quien hizo curar al criado a distancia por Él, o fueron sus soldados quienes lo buscaron e intercedieron por el centurión? Depende de si lees el Evangelio de Mateo o el de Lucas. La persona indemnizada a quien Jesús sanó en la Decápolis, ¿era de Gadara o de Gerasa? Mateo registra la primera opción; Marcos y Lucas, el segundo, a pesar que el pueblo de los gadarenos está mucho más cerca del lago de Genesaret, lo que haría más creíble la versión de Mateo, como sostienen algunos.

Si queremos especular, podemos discutir si Jesús realmente existió como figura histórica, si murió en la cruz, si era célibe o no. Hay quienes dicen que el Mesías es un invento, otros afirman que huyó y se fue al Lejano Oriente, y todavía hay quienes insisten en que Jesús fue el amante de María Magdalena y que tuvo descendencia con ella. ¡Y todas estas hipótesis - argumentan - con la debida justificación!

Bajo el sol hay sitio para todo... ¿Y quién pone fin a cualquier discusión? ¿Quién puede prohibir la libre expresión de las ideas y silenciar a los hombres y sus opiniones? ¿A quién se le da la autoridad para establecer la verdad a nivel universal? Dios, que tiene esta tarea, prefiere no hacerlo.

# TOLERANCIA: UNA GRAN VERDAD

El día que los espíritas dejemos de valorar la libertad de expresión e interpretación de los hechos, seremos iguales al inquisidor y al hombre más mezquino que jamás haya hecho con la religión. El día que abandonemos la ética del codificador, que combatía las ideas de sus adversarios sin faltarles el respeto como seres humanos, traicionaremos el principio más elemental del Espiritismo y el mensaje de Jesús. El día que proscribamos los libros y creamos que hay entre nosotros los capaces de determinar lo que el otro debe o no debe saber, bajo el pretencioso alegato que "el pueblo no está listo" para decidir por sí mismo, evocaremos el argumento de los dictadores de todas las épocas y nos convertiremos en tiranos de la sabiduría.

¡Despertemos! Los espíritus superiores ya han sonado la trompeta. El agua cristalina de la enseñanza espírita fue vertida sobre la humanidad porque, en palabras del Espíritu de la Verdad, "han llegado los tiempos en que todas las cosas deben ser restablecidas en su verdadero sentido."[4] La población está preparada, sí, y sedienta de educación para la autonomía. La propuesta espírita es tan subversiva como el mismo Jesús...

Nos convertiremos en escribas y fariseos modernos, que fueron duramente reprendidos por el Maestro en innumerables ocasiones, el día en que valoremos más el conocimiento amateur, la pureza doctrinal, el debate sobre

---

[4] Op. cit. Prefacio.

el cuerpo fluidico de Jesús, lo doctrinario y anti doctrinario que el obrar en nombre de la caridad y la clarificación de las conciencias.

Quien tenga la impresión que exagero, procure releer la advertencia de Jesús y, más tarde, de Kardec en el texto La verdadera pureza y las manos sucias, contenido en el capítulo Bienaventurados los limpios de corazón, en *El Evangelio según el Espiritismo*.

Para amarnos unos a otros no es necesario que pensemos exactamente igual; esto ni siquiera es deseable. Es necesario aprender a convivir con los diferentes, respetar y valorar la diversidad. La tolerancia es la consigna.

# EXPLORA UNA VERDAD

Teniendo en cuenta estas consideraciones, publicamos el texto del espíritu Esteban, en el que propone una mirada a ciertos pasajes del Evangelio, de peculiar riqueza y profundo contenido, así como manifiesta su visión sobre la reencarnación de espíritus notables. Sin hacer apología de la verdad ni meterse en debates sobre la "pureza" de las versiones que presenta, el autor espiritual registra los hechos tal como percibe que han ocurrido, ya que estuvo encarnado en Judea desde la época de Galileo y ha mostró un gran conocimiento de los asuntos bíblicos.

Vale recordar que el autor espiritual firma el nombre de Esteban como una forma de honrar al mártir de la era cristiana que murió por mandato de Saulo; por lo tanto, es un seudónimo, ya que siempre se ha negado con vehemencia a asumir tal identidad. A través de la psicografía de Robson Pinheiro, también escribió *Apocalipsis: una interpretación espírita de las profecías*, y en *Mujeres del Evangelio* trata de hablar de aquellas que fueron transformadas en el encuentro con Jesús.

Como el mismo Esteban repite largamente, no pretende tener la última palabra en ningún tema. ¿Qué daño hay en emitir puntos de vista discordantes? ¿Qué daño hay en la diversidad de puntos de vista? ¿No son precisamente las múltiples visiones que enriquecen la mirada humana y permiten el sano debate, las que contribuyen al crecimiento? Una opción peligrosa sería no tocar temas controvertidos por temor a no recibir el aplauso de todos los sectores y el acuerdo absoluto.

Allan Kardec estableció el control universal de la enseñanza de los espíritus como una medida para sacar el eje doctrinario de las comunicaciones mediúmnicas y en numerosas ocasiones afirmó que el tiempo demostraría si el Espiritismo tenía razón o no. Por tanto, salvemos el debate, porque al hacer públicas las comunicaciones podremos ejercer el criterio kardeciano, así como con el tiempo veremos cuáles de nuestras afirmaciones conforman realmente ese todo multifacético que llamamos verdad.

# Grandes Éxitos de Zibia Gasparetto

Con más de 20 millones de títulos vendidos, la autora ha contribuido para el fortalecimiento de la literatura espiritualista en el mercado editorial y para la popularización de la espiritualidad. Conozca más éxitos de la escritora.

## Romances Dictados por el Espíritu Lucius

La Fuerza de la Vida

La Verdad de cada uno

La vida sabe lo que hace

Ella confió en la vida

Entre el Amor y la Guerra

Esmeralda

Espinas del Tiempo

Lazos Eternos

Nada es por Casualidad

Nadie es de Nadie

El Abogado de Dios

El Mañana a Dios pertenece

El Amor Venció

Encuentro Inesperado

Al borde del destino

El Astuto

El Morro de las Ilusiones

¿Dónde está Teresa?

Por las puertas del Corazón

Cuando la Vida escoge

Cuando llega la Hora

Cuando es necesario volver

Abriéndose para la Vida

Sin miedo de vivir

Solo el amor lo consigue

Todos Somos Inocentes

Todo tiene su precio

Todo valió la pena

Un amor de verdad

Venciendo el pasado

# Libros de Eliana Machado Coelho y Schellida

Corazones sin Destino

El Brillo de la Verdad

El Derecho de Ser Feliz

El Retorno

En el Silencio de las Pasiones

Fuerza para Recomenzar

La Certeza de la Victoria

La Conquista de la Paz

Lecciones que la Vida Ofrece

Más Fuerte que Nunca

Sin Reglas para Amar

Un Diario en el Tiempo

Un Motivo para Vivir

¡Eliana Machado Coelho y Schellida,
Romances que cautivan, enseñan, conmueven
y pueden cambiar tu vida!

# Romances de Arandi Gomes Texeira y el Conde J.W. Rochester

El Condado de Lancaster

El Poder del Amor

El Proceso

La Pulsera de Cleopatra

La Reencarnación de una Reina

Ustedes son dioses

# Libros de Vera Kryzhanovskaia y JW Rochester

La Venganza del Judío

La Monja de los Casamientos

La Hija del Hechicero

La Flor del Pantano

La Ira Divina

La Leyenda del Castillo de Montignoso

La Muerte del Planeta

La Noche de San Bartolomé

La Venganza del Judío

Bienaventurados los pobres de espíritu

Cobra Capela

Dolores

Trilogía del Reino de las Sombras

De los Cielos a la Tierra

Episodios de la Vida de Tiberius

Hechizo Infernal

Herculanum

En la Frontera

Naema, la Bruja

En el Castillo de Escocia (Trilogia 2)

Nueva Era

El Elixir de la larga vida

El Faraón Mernephtah

Los Legisladores

Los Magos

El Terrible Fantasma

El Paraíso sin Adán

Romance de una Reina

Luminarias Checas

Narraciones Ocultas

La Monja de los Casamientos

## Libros de Elisa Masselli

Siempre existe una razón

Nada queda sin respuesta

La vida está hecha de decisiones

La Misión de cada uno

Es necesario algo más

El Pasado no importa

El Destino en sus manos

Dios estaba con él

Cuando el pasado no pasa

Apenas comenzando

# Libros de Vera Lúcia Marinzeck de Carvalho y Patricia

Violetas en la Ventana

Viviendo en el Mundo de los Espíritus

La Casa del Escritor

El Vuelo de la Gaviota

## Vera Lúcia Marinzeck de Carvalho y Antônio Carlos

Amad a los Enemigos

Esclavo Bernardino

la Roca de los Amantes

Rosa, la tercera víctima fatal

Cautivos y Libertos

www.ingramcontent.com/pod-product-compliance
Lightning Source LLC
Chambersburg PA
CBHW021002180726
47993CB00017B/540